Rüdiger Bertram
Die Weihnachtsagentur
Das schönste Fest aller Zeiten

Weitere Bücher von Rüdiger Bertram
im Arena Verlag:
Voll super, Helden. Einer muss den Job ja machen
Voll super, Helden. Was tun wir hier eigentlich?

Rüdiger Bertram,
geboren in Ratingen im Mai 1967, lebt heute davon,
sich Geschichten für Kinder auszudenken. Was ein großes Glück ist, weil er sich nichts Besseres vorstellen kann.
Viele seiner mittlerweile über 70 Bücher wurden von He-
ribert Schulmeyer illustriert. Darunter auch die bekannte
COOLMAN-Reihe, die in über 25 Ländern erschienen ist.
Bertram lebt mit seiner Familie in Köln, ist aber eher
selten zu Hause, weil er so viel auf Lesereise ist.

Julia Bierkandt
arbeitete nach ihrem Mode-Design-Studium viele
Jahre als Designerin für Kinderbekleidung. Dabei entdeckte
sie ihre Leidenschaft für die Kinderbuch-Illustration.
Heute lebt Julia Bierkandt mit ihrer Familie
in Süddeutschland.

Rüdiger Bertram

Die WEIHNACHTS-AGENTUR

DAS schönste ~~SCHLIMMSTE~~ FEST ALLER ZEITEN

Mit Illustrationen von
Julia Bierkandt

Ein Verlag in der Westermann Gruppe

1. Auflage 2022
© 2022 Arena Verlag GmbH
Rottendorfer Straße 16, 97074 Würzburg
Alle Rechte vorbehalten

Text: Rüdiger Bertram
Cover und Innenillustrationen: Julia Bierkandt
Lektorat: Daniela Gebhardt
Umschlaggestaltung: Juliane Lindemann
Satz: Malte Ritter, Berlin

Gesamtherstellung: Westermann Druck Zwickau GmbH
Gedruckt in Deutschland

ISBN 978-3-401-60621-7

Besuche den Arena Verlag im Netz:
www.arena-verlag.de

Inhalt

Kapitel 1
Nicht schon wieder

Olgas und Oskars Eltern hatten in diesem Jahr nicht nur ihre eigenen, sondern auch den Geburtstag ihrer Zwillinge vergessen. Sie hatten weder an Karneval noch an Ostern gedacht und beinahe hätte die Familie sogar ihren Flieger in die Sommerferien verpasst, weil sie bis zur letzten Minute im Büro gesessen und gearbeitet hatten.

Und nun war es bereits Ende November und in einem Monat war Weihnachten.

»Wenn sie das auch noch vergessen, dann sehen die mich nie wieder«, drohte Oskar. »Dann zieh ich zum Weihnachtsmann an den Nordpol und helfe seinen Wichteln beim Geschenkebasteln.«

Die Zwillinge hockten in Olgas Zimmer auf dem Bett. Sie machten sich Sorgen, dass die Adventszeit in diesem Jahr auch noch ausfiel. So wie vergangenes Weihnachten. Da war ihren Eltern vor lauter Arbeit erst am Nachmittag des 24. Dezembers plötzlich eingefallen, dass Heiligabend war. Innerhalb von zwei Stunden hatten sie dann noch schnell eine Tanne geholt (die krumm war und schon nadelte), Geschenke gekauft (was in den Regalen halt noch so übrig geblieben war) und für die Feiertage Essen besorgt (Konserven und Tiefkühlkost, weil die frischen Lebensmittel alle ausverkauft waren). Die Zwillinge waren mit ihren Eltern nicht ein einziges Mal auf dem Weihnachtsmarkt gewesen und hatten im Dezember weder gebastelt noch Plätzchen gebacken.

Das durfte sich in diesem Jahr auf keinen Fall wiederholen.

»Dann müsstest du eher nach Asien auswandern«, sagte Olga. »Ich bin mir nämlich ziemlich sicher, dass die Konsole, die du dir wünschst, nicht von irgendwelchen Wichteln am Nordpol, sondern von unterbezahlten Arbeiterinnen in China zusammengebaut wird.«

»Weiß ich doch selbst, du Klugscheißerin!«

»Dann rede nicht so einen Baby-Quatsch.«

»Ich bin kein Baby!«

»Bist du wohl!«

»Bin ich nicht!«

Olga und Oskar waren beide gleich alt. Klar, sie waren schließlich Zwillinge. Aber ganz so klar war es dann doch nicht. Vor neun Jahren waren ihre Eltern am letzten Tag des Jahres für die Geburt ins

Krankenhaus gefahren. Aber die Zwillinge hatten sich Zeit gelassen. Olga war zehn Minuten vor Mitternacht geboren worden und Oskar dann zehn Minuten später, als das neue Jahr bereits begonnen hatte. Deswegen behauptete Olga bei jeder Gelegenheit, sie wäre ein Jahr älter als ihr »kleiner« Bruder, was Oskar jedes Mal auf die Palme brachte.

»Hör endlich auf, mich Baby zu nennen«, schimpfte Oskar.

»Dann benimm dich nicht wie eins«, erwiderte Olga, die genau wusste, wie sie ihren Bruder ärgern konnte.

»Noch ein Wort …« Oskar kochte vor Wut und war kurz davor, sich auf seine Schwester zu stürzen, um eine ordentliche Prügelei zu starten.

Darin unterschieden sich Olga und Oskar nicht von anderen Geschwistern. Sie stritten und prügelten sich und sie versöhnten und liebten sich. Natürlich nicht zur gleichen Zeit, sondern immer abwechselnd. Aber das ist bei anderen Brüdern und Schwestern, Schwestern und Schwestern oder Brüdern und Brüdern ganz sicher genauso.

»Lass dich doch nicht immer so leicht ärgern!«, versuchte Olga, ihren Bruder zu beruhigen. »Das beweist nur, wie klein du noch bist.«

»Ich hatte dich gewarnt!«, rief Oskar und stürzte sich nun endgültig auf seine Schwester.

Die beiden prügelten sich eine Weile auf dem Boden, aber weil zwanzig Minuten nun wirklich keinen großen Unterschied machen, waren beide gleich groß und auch gleich stark. Daher konnte keiner den anderen besiegen und so hörten sie kurz darauf erschöpft und zufrieden wieder auf.

»Was ist, wenn sie Weihnachten wirklich wieder vergessen?« Oskar lag neben Olga auf dem Teppich und starrte an die Decke, an die seine Schwester Sterne geklebt hatte, die im Dunkeln leuchteten. Aber nicht einfach irgendwie, sondern genau in der Form der Sternbilder, die man in einer wolkenlosen Nacht am Himmel sehen konnte. Olga besaß ein riesiges Teleskop, mit dem sie durch das Fenster die Sterne beobachtete. Also die echten, nicht die an der Decke in ihrem Zimmer. Olga interessierte sich für Wissenschaften und war mehr die Rationale der beiden, während Oskar mehr der emotionale Typ war. In seinem Zimmer hingen keine leuchtenden Sternbilder, sondern die ungewasche-

nen Trikots berühmter Fußballspieler, die sie bei
wichtigen Spielen getragen hatten. Die hatte
er von seinen Eltern geschenkt bekommen. Also die Trikots, nicht die
Fußballspieler.

»Das wäre schon doof.
Richtig doof wäre das«, antwortete Olga. »Wir müssen
dafür sorgen, dass das nicht
passiert.«

»Und wie?«

»Keine Ahnung, aber die machen das ja nicht mit Absicht.«

Da hatte Olga recht. Die Eltern der Zwillinge vergaßen die wichtigen Feiertage nicht, weil sie Ostern, Geburtstage oder Weihnachten nicht mochten. Ganz im Gegenteil. Der Grund war, dass sie so viel arbeiten mussten. Sie besaßen eine Firma, die Oster- und Weihnachtsschmuck herstellte: lustige kleine Osterhasen aus Holz und Christbaumkugeln aus Glas. Und vieles, vieles mehr. Manches war schön, einiges kitschig. So wie der gefiederte Osterhase, der wie ein Flamingo auf einem Bein stand und rosa Eier legte, wenn man sanft sein rechtes Ohr abknickte. Oder wie der Weihnachtsmann, der nicht von einem Rentier, sondern von einem bunten Einhorn begleitet wurde. Wenn man das Horn berührte, sang der Weihnachtsmann laut: *»Ihr Einhörner kommet, so kommet doch all!«*

Beides waren die absoluten Verkaufsschlager der Firma von Olgas und Oskars Eltern und immerhin hatten der Weihnachtsmann mit dem Einhorn und der rosa Hase dafür gesorgt, dass die Familie in einer riesigen Villa mit einem noch riesigeren Park leben konnte und sich um Geld keine Sorgen zu machen brauchte. Aber da das Ostergeschäft schon lange vor Weihnachten begann und das Weihnachtsgeschäft lange vor Ostern, waren die Eltern der Zwillinge das ganze Jahr über schwerstbeschäftigt. Manchmal sahen Oskar und Olga ihre Mutter und ihren Vater in den Wochen vor Weihnachten tagelang nicht, weil ihre Eltern so viel arbeiteten.

»Lass uns Fiete fragen, der hat bestimmt einen guten Rat für uns«, schlug Oskar vor.

»Sehr gute Idee, könnte glatt von jemandem sein, der älter und vernünftiger ist als du«, erwiderte Olga.

Oskar stöhnte nur einmal kurz auf, weil er sich nicht schon wieder mit seiner Schwester streiten wollte. Sie hatten jetzt Wichtigeres zu tun. Sie mussten Weihnachten retten und dabei würde ihnen Fiete bestimmt helfen können.

In der Villa war Fiete nicht nur Koch, sondern auch Fahrer, Putzmann und Gärtner. Alles in einem. Olgas und Oskars Eltern hatten ihn eingestellt, weil sie keine Zeit für das große Haus und den Garten hatten. Sie hatten auch keine Zeit zu kochen und ohne Fiete hätten sie bestimmt jeden Abend Pizza bestellt. Olga und Oskar liebten den Pizza-Blitz. Ab und zu. Aber bitte nicht JEDEN ABEND.

Kapitel 2
Besuch bei Fiete

»Fiete, wo sind Sie?«, brüllten die Zwillinge, als sie suchend durch die Villa rannten.

Aber sie fanden Fiete weder in der Küche noch in einem der anderen fünfundvierzig Zimmer.

»Er ist bestimmt bei sich zu Hause«, sagte Oskar.

»Gut möglich, vielleicht hat er grade Pause«, sagte Olga.

»Meinst du, wir dürfen ihn dann stören?«, fragte Oskar.

»Natürlich«, erwiderte Olga. »Er hat doch gesagt, wir dürfen kommen, wann immer wir wollen.«

Fiete wohnte in einem winzigen Gartenhäuschen in dem großen Park, der die riesige Villa umgab. In der Hütte gab es außer dem Badezimmer nur einen einzigen Raum, der für Fiete gleichzeitig Küche, Wohn-, Ess- und Schlafzimmer war.

»Ein bisschen wie bei Hagrid«, hatte Oskar seiner Schwester zugeflüstert, als sie Fiete dort das allererste Mal besucht hatten.

»Stimmt, aber dürfen Babys wie du *Harry Pot-*

ter überhaupt schon lesen?«, hatte Olga erwidert und dann hätten sie sich fast wieder geprügelt.

Aber das hatte Fiete nicht zugelassen. Er hatte von Olga verlangt, dass sie sich bei ihrem Bruder entschuldigte. Dann hatten sie sich alle zusammen die DVD des ersten Teils von *Harry Potter* angeschaut. Ihre Eltern hatten Olga und Oskar versprochen, alle acht Teile mit ihnen gemeinsam an einem einzigen Wochenende hintereinander weg zu gucken. Aber dafür war bisher keine Zeit gewesen. Jetzt hatten die Zwillinge zumindest Teil eins schon mal gesehen und festgestellt, dass Hagrids Hütte doch keine Ähnlichkeit mit Fietes Häuschen hatte. Bei Fiete war es viel aufgeräumter und sauberer war es auch.

Fiete besaß keine Familie und lebte allein in der Hütte. Er hatte Olga und Oskar von Anfang an in sein Herz geschlossen. Sie konnten immer zu ihm kommen, egal wann. Sogar wenn er in seiner Pause gerade in aller Ruhe eine Tasse Tee trinken wollte.

»Fiete, sind Sie da?«, rief Olga und klopfte an die Tür.

»Wir stören auch nur ganz kurz, versprochen!«, rief Oskar.

Drinnen antwortete lautes Bellen. Das war Moby Dick. So hieß Fietes schwarz-weiß gefleckte Dogge, die er *Digger* nannte. Obwohl Moby Dick fast die Größe eines Schweinswals besaß, war er der bravste Hund der Welt. Moby Dick gehorchte Fiete aufs Wort und liebte es, wenn man ihn hinter den Ohren kraulte.

»Sei still, Digger!«, ertönte drinnen eine Stimme und sofort verstummte die Dogge.

Dann öffnete Fiete die Tür. Dampf stieg aus der Tasse, die er in der Hand hielt, weil der Tee heiß und die Luft draußen kalt war. Auf der Tasse prangte das Bild eines Osterhasen, der mit fünf bunten Eiern jonglierte. Die Zwillinge kannten den Hasen, weil die Firma ihrer Eltern eine ganze Serie davon verkaufte. Den jonglierenden Hasen gab es nicht nur auf Tassen, sondern auch auf Tellern und Servietten und sogar auf Bettlaken und Duschvorhängen.

»Was ist los? Seid ihr in Seenot geraten?« Fiete nippte vorsichtig an seiner Tasse, um sich an dem heißen Tee nicht die Lippen zu verbrennen.

»Wir müssen was Wichtiges mit Ihnen besprechen«, sagte Oskar, während er gleichzeitig versuchte, Moby Dick daran zu hindern, ihm mit der Zunge durchs Gesicht zu schlecken. Dazu musste sich die Dogge nicht mal auf die Hinterbeine stellen.

»Es ist wirklich wichtig, dürfen wir kurz reinkommen?«, fragte Olga und zischte ihrem Bruder zu: »Das kommt davon, wenn man so klein ist.«

Aber in dem Moment hatte Moby Dick schon das Interesse an Oskar verloren und machte sich über Olga her, die ja auch nicht größer als ihr Bruder war.

»Jetzt friss die Kinder doch nicht auf, Digger!«, rief Fiete und zog die Dogge an ihrem Halsband zurück in die Hütte. »Eigentlich wollte ich gerade den Garten ein bisschen winterfest machen. Aber so schnell kommt der erste Frost nun auch wieder nicht, wir haben ja gerade erst Ende November. Also kommt rein und steht hier draußen nicht rum wie zwei Leuchttürme. Wollt ihr was trinken? Ich könnte euch einen heißen Kakao kochen.«

Die Kinder setzten sich auf das große Sofa, das Fiete abends ausklappte, um daraus ein Bett zu machen. Die Eltern der Zwillinge hatten ihm schon ein paar

Mal angeboten, in die Villa zu ziehen. Da gab es Zimmer und Platz genug, aber Fiete hatte dankend abgelehnt. Ihm war das Gartenhäuschen lieber. Da hatten er und Moby Dick ihre Ruhe, wenn nicht gerade mal wieder die Zwillinge bei ihm vor der Tür standen.

»Also, worum geht es?« Fiete stand am Herd und machte die Milch für den Kakao warm. Moby Dick hatte sich auf seiner Decke neben der Tür zusammengerollt. »Was haben eure Eltern jetzt wieder angestellt?«

»Nichts«, sagte Olga und seufzte. »Das ist es ja gerade, sie tun mal wieder gar nichts.«

»Und deswegen haben wir Angst, dass sie Weihnachten vergessen, weil sie so viel in der Firma arbeiten«, erklärte Oskar.

»Schließlich haben sie dieses Jahr auch schon Ostern und alle Geburtstage vergessen. Sogar ihre eigenen«, sagte Olga.

»Ich weiß«, erwiderte Fiete und seufzte ebenfalls. »Dabei habe ich sie ständig daran erinnert, am Ende haben sie dann doch wieder nicht dran gedacht.«

»Das darf auf keinen Fall noch mal passieren!«, rief Oskar. »Sonst hau ich ab.«

»Und zwar zum Weihnachtsmann!« Olga ki-
cherte, dann zwinkerte sie Fiete verschwörerisch
zu. »Er ist halt noch klein.«

»Bin ich nicht!« Oskar stieß Olga seine Ellbogen in die Rippen und Olga haute zurück.

»Wer sich hier prügelt, den schmeiß ich über Bord«, sagte Fiete, ohne sich umzudrehen. »Ihr habt also Angst, dass ihr am Heiligabend keine Geschenke bekommt?«

»Quatsch, darum geht es doch gar nicht«, widersprach Oskar. »Wir haben mehr als genug Spielzeug.«

»Es geht um Weihnachten«, erklärte Olga. »Ums Basteln ...«

»... und Auf-den-Weihnachtsmarkt-gehen ...«, ergänzte Oskar.

»... und ums Plätzchenbacken ...«

»... und ums Tannenbaumaussuchen ...«

»... und ums gemeinsame Schmücken ...«

»... und ums Weihnachtsliedersingen ...«

»... und dass sie zu unserem Krippenspiel in der Schule kommen ...«

»... und ums Vorlesen von Weihnachtsbüchern ...«

»... und ums gemeinsame Spielen, zum Beispiel *Die Invasion der Weihnachtszombies* ...«

»Hä?«, unterbrach Olga ihren Bruder.

»Das Spiel gibt es wirklich«, sagte Oskar. »Das

soll cool sein und das kann man auch im Multi-playermodus zocken. Wir alle zusammen.«

»Das Spiel ist doch bestimmt erst ab sechs«, sagte Olga. »Das darfst du noch gar nicht spielen.«

»Ich bin aber schon neun, genau wie du«, entgegnete Oskar sauer. »Schon vergessen?!«

»Das merkt man aber nicht«, erwiderte Olga. »Außerdem werde ich dieses Jahr schon zehn und du erst im nächsten.«

Moby Dick knurrte auf seiner Decke vor sich hin. Die Dogge mochte es nicht, wenn die Zwillinge sich stritten.

»Hört auf, zu euch zanken wie zwei Taschenkrebse bei Ebbe, und trinkt euren Kakao!« Fiete drückte den Zwillingen Tassen in die Hände, auf denen ein Weihnachtsmann abgebildet war. Schüttete man heiße Flüssigkeit hinein, färbten sich der Mantel und die Mütze rot. Wenn die Flüssigkeit abkühlte, wurden Mantel und Mütze wieder weiß. Die Tassen stammten ebenfalls aus der Fabrik von Olgas und Oskars Eltern und verkauften sich fast genauso gut wie der Flamingo-Hase und das Einhorn-Rentier.

Kapitel 3
Kleine Leuchttürme

Die Zwillinge bedankten sich und nahmen einen Schluck von ihrem heißen Kakao. Fiete grinste zufrieden. Solange die beiden ihre Tassen in den Händen hielten, würden sie sich wenigstens nicht prügeln.

»Und was wollt ihr jetzt von mir?«, erkundigte sich Fiete.

»Haben Sie nicht eine Idee, wie wir verhindern, dass unsere Eltern die Adventszeit komplett vergessen?«, fragte Olga und Oskar sagte: »Das wäre schrecklich. Auf Ostern und Geburtstage kann man zur Not verzichten. Aber doch nicht auf Weihnachten! Das geht gar nicht.«

Fiete nickte und strich sich nachdenklich über seinen struppigen weißen Bart. Es waren die einzigen Haare, die er auf dem Kopf noch besaß. Seine Glatze bedeckte er drinnen und draußen mit einer dunkelblauen Strickmütze, so wie Seeleute sie tragen. Die Zwillinge vermuteten, dass er sie nicht einmal beim Schlafen auszog, weil sie Fiete noch nie ohne seine Mütze gesehen hatten.

Moby Dick lag still auf seiner Decke und die Zwillinge saßen auf dem Sofa und tranken ihren Kakao. Sie gaben keinen Mucks von sich, um Fiete nicht beim Nachdenken zu stören.

Stattdessen schauten sich Oskar und Olga in der Hütte um. An der Wand hingen überall Bilder von großen Containerschiffen. Ihre Eltern hatten erzählt, dass Fiete früher Schiffskoch gewesen war. Aber weil jedes Schiff, auf dem er gekocht hatte, gesunken war, hatte er sich einen Job an Land gesucht und als »Mädchen-für-alles« in der Villa angeheuert. Olga und Oskar hatten sich damals gewundert, weil Fiete das genaue Gegenteil von einem Mädchen war. Aber dann hatten ihre Eltern ihnen erklärt, dass man das mit dem Mädchen nur so sagt und es einfach jemanden meint, der sich in Haus und Garten um alles Mögliche kümmert. Genau wie Fiete, obwohl der nun wirklich kein Mädchen war, sondern ein ganzer Kerl, und was für einer.

Olga und Oskar wussten nicht, ob das mit den gesunkenen Schiffen stimmte, hatten sich aber noch nie getraut, Fiete zu fragen. Immerhin würde das mit dem Zur-See-Fahren erklären, warum Fiete immer so breitbeinig lief und warum er keine Familie hatte. Wenn man immer auf großen Pötten und kleinen Rettungsbooten unterwegs ist, geht das ja schlecht.

»Okay, wie werden Schiffe vor Klippen und Felsen gewarnt?«, fragte Fiete plötzlich.

»Mit einem Leuchtturm«, antwortete Olga.

»Das hätte ich auch gewusst!«, rief Oskar.

»Hättest du nicht«, erwiderte Olga.

»Hätte ich wohl!«

»Ruhe an Deck!«, sagte Fiete. »Was fällt euch dazu ein?«

»Sollen wir im Garten einen Leuchtturm aufstellen, damit unsere Eltern Weihnachten nicht vergessen?« Oskar sah nicht überzeugt aus.

»So was Ähnliches«, sagte Fiete und kraulte Moby Dick hinter den Ohren.

»Was wir brauchen, sind viele, viele kleine Leuchttürme!«, rief Olga.

»Versteh ich nicht«, entgegnete Oskar.

»Ist ja auch kein Wunder, du bist ja noch klein«, stichelte Olga. »Ich meine ja auch keine echten Leuchttürme. Was wir brauchen, ist so eine Art Advents-Adventskalender!«

»Genau! Einer, der die Tage zählt, bis die Adventszeit anfängt, und unsere Eltern warnt, dass es bald losgeht!«, rief Oskar begeistert. »Den legen wir unseren Eltern jeden Morgen auf den Frühstückstisch, dann vergessen sie es bestimmt nicht. Wir machen uns sofort an die Arbeit.«

»Und ich auch! Meine Pause ist nämlich vorbei.« Fiete nahm den Zwillingen die Weihnachtsmann-Tassen aus der Hand und begleitete sie zur Tür.

Auf dem Weg dorthin blieb Oskar vor einem der Schiffsbilder stehen. Es zeigte einen riesigen Frachter, der sich durch einen schweren Sturm kämpfte.

»Das war die *Elisabeth*. Zwei Jahre bin ich auf dem Schiff gefahren«, erklärte Fiete, als er Oskars neugierige Blicke bemerkte.

»Ist die gesun...« Aber bevor Oskar weitersprechen konnte, kniff Olga ihrem Bruder in den Oberarm.

»Aua!«, schrie Oskar auf. »Was soll das?«

»So was fragt man doch nicht«, zischte Olga und zog ihren Bruder am Arm Richtung Ausgang.

»Man darf alles fragen«, sagte Fiete. »Und nein, das Schiff ist nicht gesunken. Das ist in die Luft geflogen, weil es zu viel Käse geladen hatte. Der hat vielleicht gestunken, das könnt ihr euch gar nicht vorstellen, und hochexplosiv war der Mief auch. Eines Tages, es war Anfang Dezember, hat der Kapitän mit einem Feuerzeug die erste Kerze auf dem Adventskranz angezündet und da hat es RUMMMS gemacht. Zwei Wochen bin ich mit Moby Dick auf dem Dach eines Containers über den Atlantik getrieben, bevor man uns am Heiligabend aus dem Meer gefischt hat. War aber leider ein chinesisches Schiff, die feiern gar kein Weihnachten.«

Fiete grinste, sodass die Zwillinge sich nicht sicher waren, ob sie ihm die Geschichte glauben konnten oder ob das alles geflunkert war.

»Und jetzt raus hier, wir haben alle drei eine Menge zu tun.«

Kapitel 4
An die Arbeit

»Warum hast du mich gekniffen?«, fragte Oskar, als sie über den Rasen zurück zur Villa gingen.

»Weil nur kleine Kinder solche Fragen stellen«, erwiderte Olga. »Das geht dich doch überhaupt nichts an.«

»Fiete hat gesagt, man darf alles fragen. Außerdem bin ich nicht klein.«

»Bist du wohl, aber das ist schon okay so«, entgegnete Olga. »Kleine Kinder basteln gerne und wir haben eine Menge zu basteln.«

Und das taten sie dann auch. Den ganzen Nachmittag arbeiteten die Zwillinge an dem Adventskalender-Kalender, der ihre Eltern daran erinnern sollte, dass Weihnachten gar nicht mehr so weit weg war.

Auf kleinen gelben Post-it-Zetteln schrieben sie die Tage bis zum ersten Advent und malten dann den Nikolaus, Kerzen, den Tannenbaum und alles, was ihnen sonst noch zu Weihnachten einfiel, dazu. Dann verteilten sie die Zettel in der ganzen Villa.

Sie klebten sie auf Spiegel, Fenster, Schrankwände, Türklinken, den Kühlschrank, an Tassen und Wasserhähne. Als sie fertig waren, hingen die Zettel einfach überall. Es war völlig unmöglich, sie zu übersehen, und einen richtigen Kalender mit Türchen bis zum ersten Advent gab es natürlich auch. Der hing an der Haustür, wo die Eltern auf jeden Fall durchmussten, um ins Büro zu gehen.

Danach setzten sich Oskar und Olga an den Computer und schrieben Nachrichten an ihre Mutter und ihren Vater. Es waren mindestens hundert Stück und in jeder stand nur ein einziger Satz: »Nicht vergessen, bald ist der 1. Advent.«

»Meinst du, das klappt?«, fragte Oskar, als sie fertig waren.

»Weiß nicht«, sagte Olga. »Die kriegen am Tag ja bestimmt Tausende Nachrichten. Vielleicht brauchen wir noch was als positiven Verstärker.«

»Was soll das denn bedeuten?«

»Na ja, das hat Mama mir mal erklärt«, erwiderte Olga. »Wenn ich bei den Mathehausaufgaben Schokolade essen darf, mach ich die viel lieber.«

»Klingt einleuchtend«, sagte Oskar. »Du meinst, wir brauchen Süßigkeiten, damit Mama und Papa Weihnachten nicht vergessen?«

»Genau das meine ich«, entgegnete Olga. »Wenn wir uns beeilen, schaffen wir es noch in den Supermarkt, bevor er zumacht.«

Bereits kurz nach den Sommerferien hatte es im Supermarkt die ersten Spekulatius, Lebkuchen und Schoko-Nikoläuse gegeben. Jetzt, Ende November, verstellten die Ständer mit Adventssüßigkeiten überall die Wege zwischen den Regalen, sodass die Zwillinge mit ihrem Einkaufswagen kaum durchkamen.

»Was nehmen wir denn?«, fragte Olga.

»Irgendetwas, was auffällt und nicht zu übersehen ist«, erwiderte Oskar und griff nach einer Schokoweihnachtsfrau, die ein rosa Kleid und einen Mantel in derselben Farbe trug.

»Dann kriegt Mama den hier.« Olga nahm einen Schokoweihnachtsmann aus dem Regal, der eine Sonnenbrille aufhatte und aussah wie ein Rockstar. »Aber zwei reichen nicht, wir brauchen mehr. Viel, viel mehr.«

Als Olga und Oskar den Supermarkt verließen, hatten sie eine ganze Tasche voller Süßigkeiten eingekauft. Geld spielte für die beiden keine Rolle. Die Zwillinge bekamen jeden Montag ein sehr großzügiges Taschengeld. Es war viel mehr, als sie für sich selbst ausgeben konnten. Mit dem Geld beruhigten die Eltern der Zwillinge ihr schlechtes Gewissen, weil sie so wenig Zeit für ihre Kinder hatten. Oskar und Olga wäre es umgekehrt lieber gewesen: weniger Taschengeld und mehr Zeit. Aber immerhin konnten sie sich so kaufen, was immer sie wollten.

Zum Beispiel Weihnachtsmänner und Weihnachtsfrauen, die sie im ganzen Haus verteilten. Sogar auf dem Spülkasten im Bad und in der Dusche stand einer. Und zwei weitere hatten Olga und Oskar im Schlafzimmer auf die Kopfkissen ihrer Eltern gelegt.

Es war völlig unmöglich, dass ihre Mutter und ihr Vater die Zeichen der nahenden Feiertage übersehen konnten.

Am Morgen des ersten Advents schliefen Oskars und Olgas Eltern lange. Das taten sie jeden Sonntag, weil sie die ganze Woche und sogar am Samstag früh aufstanden, um zu arbeiten, und dann auch erst immer spät ins Bett gingen.

»Siehst du hier irgendwo einen Adventskranz?«, fragte Oskar, als er mit seiner Schwester das Esszimmer betrat.

»Keine Spur«, antwortete Olga. »Nicht mal vier Kerzen kann ich irgendwo entdecken.«

Und das stimmte. Das Wohnzimmer sah aus wie an jedem gewöhnlichen Sonntag. Abgesehen von den gelben Zettelchen, die überall auf dem Boden lagen, weil sich der Kleber gelöst hatte und sie wie welke Blätter von den Scheiben und Wänden gefallen waren. Immerhin waren alle Schokoweihnachtsfrauen und -männer aus dem Zimmer verschwunden.

»Ich bin ganz sicher, dass sie an den Kranz gedacht haben«, sagte Olga zufrieden. »Wir müssen nur warten, bis sie wach sind. Bestimmt haben sie ihn irgendwo versteckt. Vielleicht in der Garage oder ihrem Schlafzimmer.«

»Warum bist du dir da so sicher?«, wollte Oskar wissen.

»Sie haben die ganzen Schokomänner und -frauen aufgegessen«, erwiderte Olga. »Und das heißt ja wohl, dass ihnen klar ist, dass bald Weihnachten ist.«

»Muss nicht«, flüsterte Oskar.

»Wie *muss nicht?* Was soll das denn jetzt heißen?«

»Ich hatte gestern Abend schrecklichen Hunger auf Süßes«, gestand Oskar. »Und da bin ich ins Wohnzimmer geschlichen und habe ein paar von den Weihnachtsmännern gegessen.«

»Wie viele?«

»Vier oder fünf«, gab Oskar zu. »Aber vorher waren auch schon welche weg. Ehrlich!«

»Ja, die Weihnachtsfrauen hatte ich schon genascht, weil ich gestern auch so Appetit auf Schokolade hatte«, flüsterte Olga. »Aber ich hatte wirklich gehofft, die anderen hätten alle Mama und Papa gegessen und nicht mein kleiner verfressener Bruder.«

»Ich bin nicht klein, außerdem hast du doch auch welche gegessen!«

»Aber doch nicht vier oder fünf, sondern höchstens drei oder vier!«, erwiderte Olga. »Ich bin nämlich schon groß und kann mich beherrschen!«

Die beiden waren kurz davor, sich wieder einmal zu prügeln, als plötzlich die Tür aufging.

Kapitel 5
Festliches Frühstück

Es war Fiete, der mit Moby Dick und frischen Brötchen vom Bäcker kam. Obwohl er am Wochenende freihatte, brachte er jeden Sonntag Brötchen, Croissants und Brezeln vorbei, wenn er sich morgens welche für sein eigenes Frühstück holte.

»Was ist denn hier schon wieder los, ihr Krawall-Möwen?«, fragte Fiete, während Moby Dick kläffend zwischen den Kindern hin und her sprang, damit die Zwillinge aufhörten, sich zu streiten.

»Oskar hat alle Schokoweihnachtsmänner aufgegessen!«, rief Olga und zeigte auf Oskar.

»Und sie alle Schokofrauen!«, rief Oskar und zeigte auf Olga.

»Aber dazu sind sie doch da«, erwiderte Fiete. »Ich habe keine Ahnung, wo hier das Problem ist?! Außer, dass so viel Zucker nicht gut für eure Zähne ist.«

»Aber die waren doch gar nicht für uns, die waren für unsere Eltern! Damit sie den Beginn der Adventszeit nicht vergessen!«, rief Oskar. »Als potenzielle Vormerker.«

»Positive Verstärker«, korrigierte Olga.

»Ist doch egal, jetzt sind sie jedenfalls alle weg und ein Adventskranz ist auch nirgendwo zu sehen«, sagte Oskar. »Es war alles umsonst.«

»Wir sind bestimmt die Einzigen in der ganzen Stadt, die keinen Adventskranz haben«, jammerte Olga.

»Ich habe auch keinen«, versuchte Fiete, sie zu trösten. »Seit der dummen Sache auf der *Elisabeth* mache ich um Adventskränze lieber einen großen Bogen.«

»Aber was machen wir denn jetzt? Wenn sie schon den ersten Advent vergessen, werden sie an Nikolaus und Weihnachten bestimmt auch nicht denken«, befürchtete Olga.

»Und an den Tannenbaum, das Krippenspiel und den Weihnachtsmarkt auch nicht«, bemerkte Oskar.

»Im Küchenschrank müssen irgendwo noch vier dicke rote Kerzen sein und ich habe gestern draußen die Tannen beschnitten, da liegen im Garten eine Menge Zweige rum«, sagte Fiete. »Die könnt ihr haben und dann macht ihr damit einfach euren eigenen Kranz.«

Es war aber gar nicht so einfach, die Tannenzweige so miteinander zu verbinden, dass sie einen Kreis bildeten. Die Zwillinge hatten sich die Zweige aus dem Garten geholt und mit Fietes Hilfe auf die richtige Länge geschnitten. Dann hatten sie versucht, die Zweige wie Zöpfe zu flechten. Aber das hatte nicht geklappt und erst als sie mit Draht nachgeholfen hatten, war aus den Zweigen so etwas Ähnliches wie ein Kranz geworden. Er war zwar nicht rund, sondern eiförmig, und besonders voll war er auch nicht, aber für Oskar und Olga war es

der schönste Adventskranz, den sie jemals gesehen hatten.

Die Zwillinge deckten den Tisch an diesem Sonntag besonders festlich. Sie nahmen das gute Geschirr und das silberne Besteck und füllten die Brötchen, Croissants und Brezeln, die Fiete mitgebracht hatte, in eine große Porzellanschüssel. Oskar pflückte im Garten ein paar Astern und stellte sie in eine Vase. Es waren die letzten Blumen, die im Spätherbst dort noch wuchsen. Olga presste Orangen für frischen Saft aus und machte einen leckeren Obstsalat, den sie mit einem Schuss Ahornsirup verfeinerte.

»Sollen wir auch noch Eier kochen?«, fragte Oskar.

»Nein, sonst denken sie bestimmt, heute wäre Ostern«, antwortete Olga.

»Irgendwas fehlt noch«, sagte Oskar, als sie am Tisch saßen und auf ihre Eltern warteten.

»Klar, Streichhölzer! Um die erste Kerze anzuzünden«, erwiderte Olga. »Warte, ich hole welche. Schließlich bin ich die Ältere von uns beiden, da ist ja wohl klar, dass ich die anzünde.«

»Ich habe schon Tausende Kerzen angezündet«,

widersprach Oskar. »Ich kann das genauso gut wie du.«

»Kannst du nicht!«

»Kann ich wohl.«

Die beiden hätten fast wieder angefangen, sich zu prügeln. Aber dann erinnerten sie sich daran, dass der erste Advent war und man sich da vertragen sollte. Außerdem war es sowieso noch viel zu früh, die erste Kerze anzuzünden. Das wollten sie erst machen, wenn ihre Eltern aufgestanden waren.

Es war schon fast Mittag, als die Eltern der Zwillinge endlich zum Frühstück erschienen. Obwohl sie so lange geschlafen hatten, sahen sie immer noch furchtbar müde aus. Die Haare ihrer Mutter Anja waren vom Schlaf völlig verstrubbelt und rasiert hat sich ihr Vater Jochen auch nicht.

»Was ist denn hier los?«, fragte Anja erstaunt. »Das sieht aber hübsch aus! Danke.«

»Ist heute ein besonderer Tag?«, erkundigte sich Jochen. »Haben wir wieder irgendwas vergessen? Ostern? Karneval? Euren Geburtstag?«

Olga sah Oskar an und Oskar sah Olga an. Dann seufzten sie beide.

»Heute ist doch der erste Advent!«, rief Olga und

Oskar rief: »Damit beginnt doch die Weihnachtszeit!«

»Stimmt, bei dem Adventskranz mit den vier Kerzen hätte ich auch selbst drauf kommen können, dass heute nicht Ostersonntag ist. Liegen ja auch keine bunten Eier auf dem Tisch«, murmelte Jochen und Anja sagte: »Das tut uns so schrecklich leid, dass wir das schon wieder vergessen haben. Aber wisst ihr ja, was in dieser Jahreszeit in der Firma los ist.«

»Im Frühling, Sommer und Winter ist es auch nicht besser«, entgegnete Oskar sauer.

»Habt ihr denn die vielen Nachrichten nicht gelesen, die wir euch geschickt haben?«, fragte Olga. »Und die ganzen Weihnachtsmänner und -frauen aus Schokolade überall? Die müsst ihr doch bemerkt haben! Wir haben sogar welche auf eure Kopfkissen gelegt.«

»Stimmt, jetzt wo du es sagst. Ich habe mich schon die ganze Nacht gefragt, was da in meinem Bett liegt, süßlich riecht und langsam schmilzt«, sagte Olgas Vater. »Aber ich war einfach zu erschöpft, um nachzuschauen.«

»Wisst ihr, wie viele Mails wir jeden Tag in der Firma erhalten? Tausende, da müssen uns eure einfach durchgerutscht sein«, erwiderte Anja.

»Aber die vielen gelben Zettel, die wir im ganzen Haus verteilt haben. Wenigstens die müsstet ihr gesehen haben!«, rief Oskar.

»Ich dachte, da stünden irgendwelche Anweisungen für Fiete drauf, wo er putzen und aufräumen soll«, sagte Jochen. »Jetzt habe ich ein ganz schlechtes Gewissen. Wir arbeiten einfach viel zu viel und haben zu wenig Zeit für euch.«

»Könnt ihr uns noch mal verzeihen?«, fragte Anja. »Bitte.«

Ihre Eltern sahen so traurig aus, dass sie den Zwillingen schon fast wieder leidtaten.

»Lasst uns erst mal frühstücken«, schlug Olga

vor und Oskar sagte: »Wir haben sogar selbst einen Kranz gebastelt, weil …«

Eigentlich hatte er sagen wollen »weil ihr vergessen habt, einen zu besorgen«. Aber das verkniff er sich lieber und holte stattdessen die Butter und den frisch gepressten Orangensaft aus dem Kühlschrank.

»Das ist der schönste Kranz, den ich jemals gesehen habe«, schwärmte Anja und Jochen schlug vor: »Den sollten wir in unseren Katalog aufnehmen. Gibt es den auch in Rosa?«

Da mussten alle lachen. Der Kranz war so schief und krumm, dass den ganz sicher niemand aus dem Katalog bestellen würde. Nicht mal in Rosa. Trotzdem fanden ihre Eltern ihn wunderschön, weil er selbst gemacht war. Und das ist ja oft so, dass einem Dinge, die man selbst bastelt, viel besser gefallen als gekaufte Sachen. Auch wenn sie nicht ganz perfekt sind.

Kapitel 6
Doch noch ein toller Tag

Es war das schönste Frühstück, das die Zwillinge und ihre Eltern seit langer Zeit zusammen hatten, weil Anja und Jochen nicht ein einziges Mal auf ihr Handy oder Tablet schauten. Stattdessen quatschen alle durcheinander und lachten immer wieder. Vor allem als Jochen aus Spaß fragte, ob es nicht langsam Zeit wäre, die Ostereier zu suchen.

Olga und Oskar waren so glücklich, dass sie sich noch nicht einmal darüber stritten, wer von ihnen die erste Kerze auf dem Adventskalender anzünden durfte.

»Mach du«, sagte Olga großzügig.

»Nein, danke, mach du ruhig«, erwiderte Oskar.

»Es ist schon okay, wenn du sie anzündest«, sagte Olga.

»Muss nicht sein, ich freu mich, wenn du es tust«, sagte Oskar.

»Jetzt mach schon.«

»Nein, du machst es.«

»DU!«

»DU!!«

Fast hätten sie sich dann doch noch geprügelt, aber weil ihre Eltern selbst zu den Streichhölzern griffen, war auch dieser Streit schnell wieder vorbei.

Irgendwann wechselte die Familie vom Esszimmer ins Wohnzimmer, wo sie es sich auf dem Sofa bequem machten. Sie streamten einen lustigen Weihnachtsfilm, lasen sich die schönsten Adventsgeschichten vor, blätterten durch alte Fotoalben, in denen ihre Eltern so alt wie die Zwillinge waren und vor geschmückten Tannenbäumen standen, spielten Brettspiele und sangen zusammen sogar ein paar Weihnachtslieder. Es klang schräg und schief und gleichzeitig wunderschön. Das war ein bisschen so wie bei dem krummen Kranz, den die Zwillinge gebastelt hatten.

Irgendwann kamen sie auf Olgas und Oskars Lieblingsthema.

»Erzählt doch bitte noch mal, wie das war, als wir geboren wurden«, bettelten die Zwillinge, obwohl sie die Geschichte bestimmt schon tausend Mal gehört hatten.

»Zum Glück kamt ihr nicht in einer Krippe zur Welt, so wie Jesus, sondern in einem richtigen Krankenhaus«, begann Anja zu erzählen. »Es war ja sieben Tage nach Heiligabend. Eigentlich waren wir an dem Abend mit Freunden verabredet, um gemeinsam Silvester zu feiern.«

»Damals war die Firma noch nicht so groß«, erklärte Jochen. »Da hatten wir noch Zeit für so was.«

»Das Fondue war schon fast fertig, aber dann haben die Wehen begonnen«, fuhr Anja fort. »Wir sind sofort ins Krankenhaus gefahren, aber dort habt ihr beiden euch doch noch Zeit gelassen.«

»Eure Mutter und ich haben gewettet, wer von euch zuerst kommt«, sagte Jochen.

»Und? Wer hat die Wette gewonnen?«, riefen die Zwillinge.

»Ich natürlich!«, rief Anja. »Ich war mir nämlich ziemlich sicher, dass das Mädchen die Erste ist.«

»Aber nur, weil Olga sich vorgedrängelt hat!«, rief Oskar.

»Kurz nachdem sie da war, ging draußen auch schon das Feuerwerk los«, erzählte Jochen. »Und als es vorbei war, kamst du, Oskar.«

»Wahrscheinlich hat er sich vorher einfach nicht rausgetraut«, sagte Olga.

Und da lachten wieder alle, sogar Oskar.

»Das wird die tollste Adventszeit, die ihr jemals erlebt habt«, versprach Anja, als sie den Zwillingen an diesem Abend Gute Nacht sagte.

»Eure Mutter und ich haben uns nämlich heute Nachmittag etwas ganz, ganz Besonderes überlegt. Ihr werdet staunen«, versprach Jochen und gab den beiden einen Kuss.

»Das war heute ein richtig schöner Tag. Besser kann es eigentlich gar nicht mehr werden«, sagte Olga, als die Zwillinge in ihren Betten lagen. Dazu brauchte sie kein Telefon und auch kein Funkgerät. Ihre Eltern hatten ihnen erlaubt, in die Wand zwischen ihren Zimmern ein Loch zu bohren. Fiete hatte ihnen dabei geholfen. Dann hatten sie gemeinsam einen alten Garten- schlauch durch das Loch 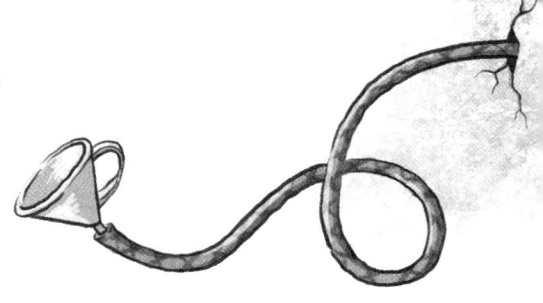 geschoben, durch den sich die beiden abends un- terhalten konnten. Und wenn sie das nicht wollten, verstopften sie den Schlauch einfach mit einem Korken.

»Stimmt, so schön war es lange nicht«, antwor- tete Oskar durch den Schlauch. »Ich bin trotzdem gespannt, was sie sich ausgedacht haben.«

»Und ich erst.« Olga schwieg. »Meinst du, wir hätten Fiete zu uns einladen sollen? Der hat den ersten Adventssonntag ganz allein verbracht.«

»Allein ist er ja nicht, er hat ja Moby Dick«, er- widerte Oskar.

»Stimmt auch wieder. Wahrscheinlich ist es ihm sogar lieber so«, meinte Olga. »Wir besuchen ihn einfach morgen Nachmittag.«

»Das machen wir und jetzt schlaf gut.«

»Du auch.«

Als die Zwillinge am nächsten Morgen zum Früh- stück gingen, waren ihre Eltern schon wieder in der

Firma. Dafür war Fiete da, der den Tisch für sie gedeckt und die Kerze auf dem Adventskranz angezündet hatte. Es sah nicht ganz so festlich aus wie gestern – klar, es war ja auch kein Adventssonntag mehr –, hübsch war es trotzdem.

»Und? Hattet ihr einen schönen Tag gestern? Ohne Mast- und Schotbruch?«, erkundigte sich Fiete, als sich die Zwillinge hinter ihre Müslischüsseln gesetzt hatten.

»Es war toll! Unsere Eltern haben den ganzen Tag mit uns geredet und gespielt!«, rief Oskar und Olga rief: »Wir haben alte Fotoalben durchgeblättert und sogar zusammen gesungen!«

»Das habe ich bis in meine Hütte gehört und Digger hat schrecklich gejault, weil es so fürchterlich klang«, sagte Fiete und grinste. »Ich hatte schon befürchtet, euch wäre was passiert. Bis ich irgendwann kapiert habe, dass ihr gar nicht um Hilfe brüllt, sondern Weihnachtslieder singt.«

»Sehr komisch«, erwiderte Oskar. »Es war wirklich schön.«

»Dann haben eure vielen Nachrichten, Zettel

und Schokoweihnachtsmänner also doch was gebracht«, freute sich Fiete. »Und ihr hattet schon befürchtet, eure Eltern hätten komplett vergessen, dass bald Weihnachten ist.«

»Hatten sie ja auch«, sagte Olga und Oskar sagte: »Hätten wir sie nicht daran erinnert, dass gestern der erste Advent war, hätten sie bestimmt wieder ihre Tablets rausgeholt und gearbeitet. Wie war denn Ihr Tag?«

»Meiner? Auch sehr schön. Ich habe lange gefrühstückt und es mir dann mit Digger auf der Couch bequem gemacht. Ich habe den ganzen Nachmittag in einem guten Buch über Seefahrt gelesen und dabei Tee getrunken. Besser kann man einen Sonntag an Land nicht verbringen.«

»Klingt echt super«, sagte Olga und Oskar sagte: »Wirklich total spannend.«

»Wartet nur ab, wenn ihr so alt seid wie ich, werdet ihr so einen faulen Sonntag auch zu schätzen wissen«, erwiderte Fiete. »Digger ist ja auch nicht mehr der Jüngste.«

»Aber das Beste haben wir noch gar nicht erzählt«, sagte Olga. »Unsere Eltern haben uns versprochen, dass wir dieses Jahr eine ganz tolle Adventszeit erleben werden.«

»Die beste unseres Lebens«, bestätigte Oskar. »Sie haben sich dafür irgendwas ausgedacht, wir wissen nur nicht, was. Das soll eine Überraschung sein.«

»Hoffentlich vergessen sie es nicht wieder«, flüsterte Fiete, so leise, dass die Zwillinge es nicht hören konnten. Dann sah er auf die Uhr. »Höchste Zeit! Zieht euch an und holt eure Ranzen. In genau fünf Minuten legen wir ab, dann fahre ich euch zur Schule.«

Kapitel 7
Ochs und Esel

Beim Einsteigen gab es wieder einen kurzen Streit, weil Olga unbedingt vorne sitzen wollte.

»Schließlich bin ich ein Jahr älter als Oskar«, behauptete sie.

»Stimmt gar nicht, höchstens zwanzig Minuten«, erwiderte Oskar. »Dafür bin ich größer als du! Mindestens zwei Zentimeter.«

»Das ist gelogen!«

»Ist es nicht!«

»Das Streiten könnt ihr euch sparen, ihr sitzt natürlich beide hinten. So wie immer«, mischte sich Fiete ein. »Und jetzt endlich an Bord mit euch und das Anschnallen nicht vergessen.«

Die Zwillinge stiegen ein und Fiete fuhr mit dem Wagen durch den Garten zu dem großen Tor, das auf die Straße führte. Moby Dick lief neben dem Auto her, bis sie den Zaun erreicht hatten. Da blieb er stehen und bellte ihnen zum Abschied hinterher.

Auf dem Weg zur Schule pressten Oskar und Olga ihre Nasen an die Scheiben, weil die Stadt begonnen

hatte, sich für die Adventszeit festlich herauszuputzen. Über den Straßen hingen Ketten mit Tausenden von Glühbirnen und weil es so früh am Morgen noch dunkel war, leuchteten sie und schrieben »Frohe Weihnachten« oder »Merry X-Mas« in den dunklen Himmel. Auch hinter vielen Fenstern brannten schon Lichter. Einige der dort blinkenden Weihnachtsmänner kannten Olga und Oskar aus dem Katalog ihrer Eltern und natürlich war auch das Einhorn-Rentier dabei. Am festlichsten aber strahlten die Schaufenster der Geschäfte. In einem fuhr eine Spielzeug-Eisenbahn durch Winterlandschaften mit Miniatur-Skifahrern und in einem anderen hatte man die Schaufensterpuppen als goldene Engel verkleidet, die mithilfe eines kleinen Motors sogar ihre Flügel auf und ab bewegen konnten. Die ganze Stadt glänzte in Gold, Rot, Grün und Gelb.

In der Schule sprachen alle nur über die bevorstehende Adventszeit, vor allem aber über das Krippenspiel, das wie immer in der letzten Schulwoche

vor den Winterferien aufgeführt werden sollte. Auch die Zwillinge hatten sich für Rollen in der Aufführung beworben.

»Was wir wohl spielen dürfen?«, flüsterte Oskar aufgeregt seiner Schwester zu.

Die Zwillinge saßen gemeinsam mit allen anderen Schülerinnen und Schülern in der Aula, wo ihre Direktorin Frau Tanne gleich die Namen aller am Krippenspiel beteiligten Kinder bekannt geben wollte.

»So jung, wie du bist, wärest du die ideale Besetzung für das Jesuskind«, zischte Olga.

»Und du für eines der Schafe!«, zischte Oskar zurück.

Olga antwortete nicht, sondern boxte ihrem Bruder in die Rippen. Oskar boxte zurück und sie hörten erst damit auf, als ihr Lehrer Herr Kugel, der am Rand der Reihe saß, streng zu ihnen herüberschaute.

»Und nun kommen wir zu dem Moment, auf den ihr sicher alle schon wartet!« Frau Tanne stand auf der Bühne und hielt einen Zettel in der Hand. Sie trug große glitzernde Ohrringe und sah in ihrem grünen Kleid fast aus wie ein geschmückter Weihnachtsbaum.

»Fehlt nur noch die Spitze auf dem Kopf«, flüsterte Olga und Oskar flüsterte: »Und ein bisschen Lametta.«

Herr Kugel schaute ein zweites Mal streng zu ihnen herüber und da hielten die beiden lieber den Mund.

Frau Tanne hatte angefangen, Namen von Schülerinnen und Schülern vorzulesen, und aus den Reihen ertönte hier und da ein Freudenschrei, wenn jemand seine Wunschrolle bekommen hatte. Alle wichtigen Rollen waren bereits vergeben, aber Oskar und Olga waren noch nicht aufgerufen worden.

»Und den Esel spielt ...« Frau Tanne machte eine kleine Pause, um die Spannung zu steigern. »... oder vielleicht sollte ich besser sagen: Die Rolle der Eselin übernimmt in diesem Jahr ...« Wieder verzögerte sie die Auflösung. »Olga aus der 4c! Bitte Applaus.«

Oskar wäre vor Lachen fast vom Stuhl gefallen, während die Kinder in der Aula laut Beifall klatschten, wie sie es bei allen anderen Rollen auch schon getan hatten.

Oskar hörte erst auf, als die Direktorin verkündete: »Und den Ochsen spielt dieses Jahr ... Olgas Bruder Oskar!«

Diesmal war es Olga, die lachte. Danach wurden noch die Rollen für die Hirten, Schafe und Engel vergeben und dann war die Stunde in der Aula auch schon wieder vorbei.

Viel mehr passierte in der Schule an diesem ersten Montag im Advent nicht mehr. Abgesehen natürlich vom Unterricht, aber auf den konnte sich an diesem Tag keiner so richtig konzentrieren. Alle sprachen nur über die Rollen, die sie beim Krippenspiel bekommen hatten, und die bevorstehenden Proben.

»Und? Für welche Rollen hat man euch angeheuert?«, fragte Fiete, als er die Zwillinge mit dem Wagen von der Schule abholte. »Maria? Josef? Oder den Hotelmanager?«

»Keins davon, Olga ist die Eselin«, antwortete Oskar.

»Und Oskar der Ochse«, sagte Olga.

Im Spiegel konnten die Zwillinge erkennen, dass Fiete grinsen musste.

Aber nur kurz, dann sagte er: »Ihr Ärmsten, da habt ihr aber Pech gehabt.«

»Gar nicht«, widersprach

Olga. »Das sind die besten Rollen überhaupt. Man steht die ganze Zeit auf der Bühne und muss trotzdem keinen Text lernen. Das wird total entspannt! Wir sehen doch jeden Tag bei unseren Eltern, dass man nur Stress hat, wenn man zu viel Ehrgeiz hat.«

»Besser ist nur noch die Rolle des Jesuskinds«, bemerkte Oskar. »Das darf während der ganzen Aufführung schlafen.«

Fiete nickte. So hatte er das noch nicht betrachtet, aber eigentlich hatten die Zwillinge ja recht. Es waren die perfekten Rollen: Olga und Oskar hatten nicht viel Arbeit und waren trotzdem die ganze Zeit auf der Bühne mit dabei.

»Ich muss euch übrigens noch etwas sagen«, erklärte Fiete, als er mit dem Wagen in die Einfahrt zur Villa einbog. »Eure Überraschung ist da.«

»Was ist es denn?«, rief Olga und Oskar sagte: »Machen Sie es doch nicht so spannend!«

»Es ist eher eine *sie* als ein *was*«, erwiderte Fiete und zeigte auf eine Frau, die genau in dem Moment aus der Haustür trat. Sie trug einen blauen Hosenanzug und hielt den selbst gebastelten Adventskranz der Zwillinge mit spitzen Fingern so weit von sich weg, als würde sie einen überfahrenen Waschbären zum Straßengraben tragen.

»Hallihallöchen!«, rief die Frau, als Olga und Oskar aus dem Wagen stiegen. »Ihr müsst Olaf und Olivia sein. Stimmt's oder habe ich recht?«

Die Frau war so stark geschminkt, dass die Creme auf ihren Wangen Risse bekam, als sie beim Sprechen zu lächeln versuchte.

»Weder noch, mein Bruder heißt Oskar«, sagte Olga und Oskar sagte: »Und der Name meiner Schwester ist Olga.«

Für einen Moment sah die Frau verwirrt aus, dann zog sie mit der freien Hand einen Zettel aus ihrer Hosentasche und warf einen Blick darauf: »Stimmt, so steht es ja auch hier. Mein Name ist Konstanze Marianne von und zu Schnörkel, aber ihr könnt einfach Frau von Schnörkel zu mir sagen. So nennen mich alle meine Freunde.«

»Aber was machen Sie hier?«, wollte Olga wissen.

»Wir haben doch schon ein Mädchen für alles«, sagte Oskar und zeigte auf Fiete, der ebenfalls ausgestiegen war. »Fiete kümmert sich um uns und um das Haus.«

»Dann können Sie auch gleich mal dieses scheußliche Irgendwas hier entsorgen.« Frau von Schnörkel drückt Fiete angewidert den Kranz in die Hand.

»Am besten schmeißen Sie ihn gleich auf den Müll, ich habe schon einen neuen besorgt.«

»Nein!«, riefen die Zwillinge.

»Doch, habe ich. Der Neue ist mindestens fünfmal so groß und zehnmal so schön wie dieses hässliche Teil. Das sieht aus, als wäre es von zwei blinden Pandas mit acht linken Pfoten zusammengeklebt worden.«

Frau von Schnörkel scheuchte Fiete mit einer Handbewegung fort, dann griff sie in die andere Hosentasche, zog ein ledernes Etui mit Visitenkarten heraus und reichte Olga eine davon.

»Konstanze Marianne von und zu Schnörkel, Weihnachtsplanerin und Chefin der Agentur *Alles ist möglich,* Berlin, Peking, New York und Sydney«, las Oskar vor, der sich gemeinsam mit seiner Schwester über die Karte gebeugt hatte.

»Weihnachtsplanerin? Was soll das denn heißen?«, erkundigte sich Olga.

»So wie eine Hochzeitsplanerin sich um eine perfekte Hochzeit kümmert, sorgt meine Agentur für eine perfekte Weihnachtszeit. Ich bin die Chefin und kümmere mich persönlich um die ganzen wichtigen Kunden. Leute wie eure Mama und euer Papa zum Beispiel.«

»Ich habe immer noch nicht verstanden, was Sie hier wollen«, bemerkte Oskar.

»Eure bezaubernden Eltern haben mich engagiert, damit ihr beide in diesem Jahr die schönste Adventszeit aller Zeiten erlebt«, erklärte Frau von Schnörkel. »Ich werde mich um alles kümmern und ihr könnt mir glauben: Dieses Weihnachtsfest werdet ihr niemals vergessen.«

Olga war nicht ganz klar, ob Frau von Schnörkel das als Drohung oder Versprechen meinte.

Kapitel 8
Schöner, heller, Leiter

»Wo steckt eigentlich Moby Dick?«, fragte Oskar und Fiete sagte: »Stimmt, wo ist Digger? Der begrüßt uns doch sonst immer schon jaulend am Tor.«

»Meinen Sie diesen riesigen, sabbernden Seehund?«, erkundigte sich Frau von Schnörkel.

»Das ist kein Seehund, das ist eine Dogge!«, rief Olga.

»Den habe ich in seine Hütte sperren lassen.« Frau von Schnörkel zeigte auf Fietes Gartenhaus.

»Aber das ist doch keine Hundehütte!«, widersprach Oskar.

»Sieht aber aus wie eine«, bemerkte Frau von Schnörkel, dann wandte sie sich an Fiete und deutete auf einen roten Sportwagen, der vor der Villa parkte. »Jetzt werfen sie endlich diesen Nacktmull von einem Adventskranz in die Mülltonne und wenn Sie damit fertig sind, holen Sie meine Koffer aus dem Wagen, aber ein bisschen flotti, wenn ich bitten darf. Ich habe mich seit zwei Stunden nicht mehr umgezogen.«

»Sie wollen hier bei uns wohnen?«, rief Olga überrascht.

»Wo soll ich denn sonst wohnen? Bis zum Heiligabend kümmere ich mich ausschließlich um euch, rund um die Uhr, 24/7«, versicherte Frau von Schnörkel.

»24/7? Was soll das denn heißen?«, erkundigte sich Oskar.

»Das bedeutet, dass ich sieben Tage die Woche die kompletten vierundzwanzig Stunden nur für euch da sein werde. Eure Eltern haben das volle Programm gebucht, bis zum Heiligabend werde ich alles tun, damit ihr eine schöne, besinnliche Adventszeit erlebt. Und das kann ich nur, wenn ich ganz nah dran bin an meinen beiden neuen Lieblingskunden.« Frau von Schnörkel beugte sich zu den Kindern hinunter und kniff erst Olga und dann Oskar sanft in die Wange.

»Aber dann können Sie die Adventszeit ja gar nicht mit Ihrer eigenen Familie erleben. Wartet denn niemand auf Sie?«, erkundigte sich Olga.

»Nö, aber ich bin sehr glücklich verheiratet. Und zwar mit meinem Job«, antwortete Frau von Schnörkel. »Und jetzt kommt endlich rein, ich habe schon ein bisschen was vorbereitet.«

Die Zwillinge sahen zu Fiete rüber, aber der zuckte nur mit den Schultern, was wohl heißen sollte: *Da kann ich auch nichts machen, viel Glück.* Dann drehte er sich um und ging breitbeinig wie immer mit dem Adventskranz Richtung Mülltonnen.

»Ich bin schon so gespannt, wie es euch gefällt. Ich finde es ja einfach spitze.« Frau von Schnörkel packte Oskar und Olga an den Schultern und schob sie vor sich her zur Haustür. Von drinnen waren lautes Hämmern und die Geräusche einer Bohrmaschine zu hören.

In der Villa wimmelte es von Handwerkerinnen und Handwerkern. Einige standen auf Leitern, andere krochen auf dem Boden rum, um neue Kabel zu verlegen.

»Und?! Was sagt ihr?«, fragte Frau von Schnörkel. »Ist es nicht jetzt schon ganz, ganz zauberhaft? Und wir haben gerade erst angefangen. Das wird ganz supi, wenn es fertig ist.«

Überall im Haus hingen rot und grün blinkende Lichterketten und unter der Decke der Eingangshalle schaukelte ein Schlitten, der von vier Rentieren gezogen wurde. Im ganzen Haus gab es keine freie Stelle mehr, an der nicht irgendeine Weihnachtsdekoration hing. Es sah aus, als hätte sich Frau von Schnörkel das komplette Angebot aus dem Weihnachtskatalog von Olgas und Oskars Eltern liefern und von ihren Mitarbeitern in der Villa verteilen lassen. Es war alles da und von allem zu viel.

»Und?«, fragte Frau von Schnörkel. »Ihr sagt ja gar nichts! Hat es euch vor Begeisterung die Sprache verschlagen?«

»Toll!«, rief Oskar.

»Ja, toll ... toll bunt«, sagte Olga und

hielt sich die Hände vor die Augen, weil sie von den vielen Birn-
chen geblendet wurde.

»Ich wusste, dass es euch gefällt.« Frau von Schnörkel strahlte
noch heller als die Lichterketten und
klatschte vor Freude in die Hände.
»Und das ist erst der Anfang des spek-
takulärsten Weihnachtsfestes aller Zeiten. Kommt mit, ich zeig euch ...«

»Schrecklich gerne, aber wir müssen erst noch Hausaufgaben machen«,
schwindelte Olga.

»Wir haben doch gar nichts ...« Aber bevor Oskar zu Ende gesprochen hatte, bekam
er von Olga einen Stoß in die Rippen.

»... in der Schule gelernt heute«, vollen-
dete Olga den Satz ihres Bruders. »Weil
doch heute die Rollen für das Krippenspiel
vergeben wurden. Deswegen müssen wir
den Stoff zu Hause nachholen.«

»Fleißig, fleißig!«, lobte Frau von Schnörkel. »Dann macht mal brav eure Hausaufga-

ben. Ich habe nämlich auch noch wahnsinnig viel zu tun.«

Die Zwillinge liefen die Treppe zu ihren Zimmern hoch, da rief Frau von Schnörkel ihnen hinterher: »In einer halben Stunde gibt es ganz besonders leckeres Happi-Happi für euch!«

»Happi-Happi?!«, wiederholte Olga fassungslos. »Was soll das denn sein?«

»Na, euer Mittagessen«, antwortete Frau von Schnörkel. »Ich dachte, so nennen Kinder das.«

»Sie haben gekocht?«, fragte Oskar überrascht.

»Ich doch nicht, du Dummerchen.« Frau von Schnörkel lachte laut, weil sie die Vorstellung offenbar ziemlich albern fand. »Ich habe was bestellt.«

»Pizza?«, erkundigte sich Olga.

»Nein, Sushi. Ihr werdet es lieben!«

Oskar verzog das Gesicht, weil er Sushi nicht leiden konnte. Aber das bemerkte Frau von Schnörkel nicht, denn genau in dem Moment kam einer der Handwerker mit einer riesigen Leiter zu ihr, um zu fragen, wo er den neuen Adventskranz aufhängen sollte.

»Happi-Happi! Die ist ja völlig übergeschnappt«, schimpfte Olga.

Sie saß auf Oskars Bett und schaute sich um. In den Zimmern der Zwillinge hatte sich Frau von Schnörkel scheinbar noch nicht ausgetobt. Alles sah genauso aus wie vorher. »Wir müssen unsere Türen immer abschließen, sonst hängt sie ihren Weihnachtskitsch hier bei uns auch noch an die Wände.«

»Das In-die-Wange-Kneifen nervt«, bemerkte Oskar. »Aber die Deko ist doch eigentlich ganz hübsch.«

»Was soll daran denn bitte schön hübsch sein?!« Olga schaute ihren Bruder an, als hätte er den Verstand verloren. »Das ist total kitschig!«

»Aber das sind doch genau die Sachen, die Mama und Papa verkaufen.«

»Eben! Die verkaufen das, weil sie es selbst nicht haben wollen. Ist doch wohl logisch.«

»Immerhin ist es hier im Haus endlich mal ein bisschen weihnachtlich. Mehr als vorher jedenfalls.«

»Ein bisschen?! Das ist ein bisschen viel zu viel«, erwiderte Olga.

»Ich mag's«, entgegnete Oskar. »Vor allem der Schlitten mit den Rentieren an der Decke ist cool.«

»Du bist halt klein, da hast du noch keinen Geschmack«, sagte Olga. »So was finden nur Babys cool.«

Oskar sprang auf, um sich auf seine Schwester zu stürzen, weil sie ihn Baby genannt hatte. Doch bevor er sie erreicht hatte, ertönte aus dem Garten ein Lärm wie von hunderttausend Laubbläsern.

Kapitel 9
Happi-Happi ohne Fiete

Die Kinder rannten zum Fenster und schauten hinaus. Direkt gegenüber der Haustür blähte sich gerade ein Weihnachtsmann auf. Noch lag er halb auf der Seite, aber weil ein ohrenbetäubender Generator immer mehr Luft in die riesige Plastikhülle blies, stand er schon bald aufrecht. Er war so groß, dass sein Gesicht genau auf Höhe des Fensters war, obwohl Oskars Zimmer im ersten Stock lag.

»Der ist super!«, rief Oskar begeistert.

»Ja, superlaut«, erwiderte Olga.

»Na, gefällt er euch?«, brüllte Frau von Schnörkel zu ihnen hoch. Sie stand neben dem aufgeblasenen Weihnachtsmann und sah ganz winzig aus. »Ist der nicht toll? Klar ist der toll!« Frau von

Schnörkel musste brüllen, weil der Generator so laut war.

»Können Sie den Lärm mal kurz abstellen?«, rief Olga nach unten.

»Geht leider nicht!«, schrie Frau von Schnörkel gegen den Lärm an. »Wenn ich den Generator ausschalte, fällt der Ärmste sofort wieder in sich zusammen und das wäre doch schade, oder?«

Olga wollte gerade sagen, dass sie das ganz und gar nicht schade fände, als ein Radfahrer mit einem roten Kasten auf dem Rücken die Auffahrt hochgestrampelt kam. Er hielt neben Frau von Schnörkel, aber wegen des Krachs konnten die Zwillinge nicht hören, worüber die beiden sprachen. Der junge Mann reichte Frau von Schnörkel eine große Tüte, dann wendete er und fuhr wieder davon.

»Essen ist fertig!«, brüllte Frau von

Schnörkel zum Fenster hinauf. »Kommt runter, es gibt Happi-Happi.«

Frau von Schnörkel verschwand mit der Tüte in der Villa. Olga sah Oskar an, ohne ein Wort zu sagen. Brauchte sie auch gar nicht.

»Okay, sie redet ein bisschen komisch«, gab Oskar zu. »Aber der große Weihnachtsmann da draußen ist trotzdem cool.«

»Ist er nicht, der ist einfach nur laut«, widersprach Olga.

»Ist er nicht«, erwiderte Oskar. »Das ist nur der Generator, der so laut ist.«

»Klugscheißer!«, zischte Olga und grinste. »Komm, lass uns essen gehen.«

»Ich mag aber kein Sushi«, erwiderte Oskar.

»Weil du noch klein bist«, entgegnete Olga. »Sushi ist nur was für

Große und total lecker. Und jetzt komm, sonst essen Frau Happi-Happi und Fiete noch alles allein auf.«

Als die Zwillinge das Esszimmer betraten, schwebte hoch über dem Tisch ein riesiger Adventskranz. Er war so groß wie der Reifen eines Monstertrucks und hing so hoch, dass man eine Leiter brauchte, um die Kerzen anzuzünden.

Frau von Schnörkel saß bereits am Tisch, der mit drei Tellern gedeckt war. In der Mitte stand eine Platte, auf denen sich die Sushi-Röllchen stapelten. Messer und Gabeln gab es keine, dafür Stäbchen aus Holz, auf denen geschmückte Tannenbäume eingraviert waren.

»Die Japaner feiern schließlich auch Weihnachten«, erklärte Frau von Schnörkel, als sie die überraschten Blicke der Kinder bemerkte. »Ein paar von ihnen zumindest.«

Die Weihnachtsplanerin nahm sich mit den Stäbchen eines der Röllchen und ließ es in ihrem Mund verschwinden. »Das ist Weihnachts-Sushi, das ist eine Erfindung von mir, die ich beim Japaner in Auftrag gegeben habe.«

»Und was ist das Besondere daran?«, erkundigte

sich Olga, die mit ihren Eltern schon mal Sushi gegessen hatte. Geschmeckt hatte es ihr nicht, aber das hatte sie sich gegenüber Oskar nicht anmerken lassen. Schließlich war sie im Gegensatz zu ihm schon groß und große Leute liebten Sushi.

»Das ist roher Fisch mit Kardamom, Zimt und Lebkuchengewürz.« Frau von Schnörkel schloss genießerisch die Augen. »Einfach köstlich. Aber wenn es euch nicht schmeckt, bestellen wir morgen einfach etwas anderes.«

Oskar griff mit den Stäbchen nach einem Sushi-Röllchen, aber bevor er es in den Mund stecken konnte, fiel es unter den Tisch, wo er es einfach liegen ließ. Olga hatte es genau beobachtet und war sich ziemlich sicher, dass ihr Bruder es absichtlich hatte fallen lassen, um es nicht essen zu müssen. Olga war mutiger, sie war ja auch schon groß. Sie balancierte das Röllchen bis zu ihren Lippen, öffnete den Mund und biss hinein.

Oskar konnte sehen, dass es seiner Schwester auch nicht schmeckte. Trotzdem würgte Olga alles tapfer hinunter, verzichtete aber auf ein zweites Röllchen. Frau von Schnörkel hatte davon nichts mitbekommen, weil sie sich ein Weihnachts-Sushi nach dem anderen in den Mund stopfte.

»Wo ist eigentlich Fiete?«, wollte Olga wissen, als die Sushi-Platte fast leer war.

»Wer ist Fiete?«, fragte Frau von Schnörkel, während sie das allerletzte Röllchen in ihrem Mund verschwinden ließ.

»Der Mann, dem Sie unseren alten Adventskranz in die Hand gedrückt haben«, antwortete Oskar. »Wir essen mittags immer zusammen, wenn unsere Eltern in der Firma sind. Meistens kocht er auch für uns.«

»Ach, ihr meint diesen ulkigen, grummeligen See-bären«, erwiderte Frau von Schnörkel. »Den habe ich in seine Hütte verbannt, der kommt nur noch, um das dreckige Geschirr abzuräumen. Ab jetzt bin ich für euch da! Stellt euch nur mal vor: Hier drinnen ist alles schön feierlich und dann kommt dieser alte Grantler mit seinem riesigen Kalb und macht die ganze Stimmung kaputt. Kommt gar nicht infrage, bis zum Heiligabend kann er sich in Ruhe um den Garten kümmern.«

Frau von Schnörkel lächelte die Kinder breit an und wieder bekam ihre Schminke an der Wange ein paar hässliche Risse.

Aber das bemerkte Olga nicht, weil sie ängstlich nach oben schaute. Der Mega-Adventskranz über ihr wog mindestens eine Tonne und hing direkt über ihren Köpfen. Wenn sich die Dübel und Schrauben in der Decke lösen und der Kranz auf sie herunterstürzen würde, gäbe es für sie dieses Jahr kein Weihnachten mehr.

»Was ist denn los? Ihr habt ja kaum was gegessen«, erkundigte sich Frau von Schnörkel. »Schmeckt es euch etwa nicht?«

»Doch, doch, war superlecker«, versicherte Oskar und Olga sagte: »Aber wir haben keinen richtigen Appetit, weil wir immer noch so aufgeregt sind. Heute wurden in der Schule doch die Rollen für das Krippenspiel vergeben.«

»Und? Was spielt ihr? Maria und Josef?«, erkundigte sich Frau von Schnörkel gespannt.

»Den Ochsen und die Eselin«, antworteten die Zwillinge.

Die Agentur-Chefin brauchte einen Moment, um

diese Nachricht zu verdauen. Offensichtlich hatte sie mit bedeutenderen Rollen gerechnet.

»Sind wenigstens irgendwelche Stars dabei?«, fragte sie nach einer Weile.

»Eigentlich nicht, nur unsere Mitschülerinnen und Mitschüler«, erwiderte Oskar.

»Das muss ja nicht so bleiben«, murmelte Frau von Schnörkel und machte sich eine Notiz in ihrem Handy.

Kapitel 10
Fietes Rettungsboot

Nach dem Essen scheuchte Frau von Schnörkel die Zwillinge aus dem Zimmer, weil sie noch so furchtbar viel zu erledigen hatte. Olga war froh, den Tisch verlassen zu dürfen. Sie hatte Angst vor dem riesigen Kranz, der über ihrem Kopf hing und sie jederzeit unter sich begraben konnte.

Oskar hatte keine Angst. Aber auch er war froh, aufstehen zu dürfen, um sich in aller Ruhe die Weihnachtsdekorationen anzuschauen, die Frau von Schnörkel im ganzen Haus verteilt hatte.

Aber Olga hatte andere Pläne. Sie wollte Fiete um Rat fragen, was sie tun sollten, damit diese Adventszeit nicht die schlimmste ihres Lebens werden würde.

»Wieso? Ich finde es gut!«, schrie Oskar, als sie im Garten an dem aufgeblasenen Weihnachtsmann und dem brummenden Generator vorbeiliefen.

»Gut? Ganz schrecklich ist das!«, entgegnete Olga. »Überall hängt was rum und fast alles ist rot.«

»Rot ist doch schön, das ist meine Lieblings-farbe«, erwiderte Oskar.

»Und Sushi mit Lebkuchengewürz ist dein Lieb-lingsessen, oder was?!«, erwiderte Olga. »Ich habe genau gesehen, dass du es absichtlich verloren hast.«

»Und du hast es runtergewürgt, nur um anzu-geben, weil du ja angeblich schon so groß und er-wachsen bist.«

»Habe ich gar nicht!«

»Hast du wohl!«

Als die Zwillinge Fietes Hütte erreicht hatten, stritten sie immer noch. Da brauchten sie gar nicht zu klopfen. Fiete hatte sie trotz des lärmenden Generators gehört und auch Moby Dick hatte ihr Kommen mit seinem Kläffen angekündigt. Fiete öffnete die Tür, zog die Kinder schnell zu sich in die Hütte und knallte sie sofort wieder zu.

»Was ist denn los?«, wollte Olga wissen, während Moby Dick aufgeregt um die Zwil-linge herumsprang.

»Wenn ich die Tür öffne, starre ich genau auf dieses rote Monster«, antwortete Fiete. »Größer und hässlicher als der Riesenkrake, der uns im Pazifik fast mal versenkt hätte.«

»Aber das doch nur der Weihnachtsmann«, sagte Oskar.

»Großer Irrtum!«, sagte Fiete. »Dieser aufgeblasene Plastiksack vor eurem Haus hat mit dem Weihnachtsmann so viel zu tun wie ein Tretboot mit einem Eisbrecher. Habt ihr Hunger? Bestimmt habt ihr Hunger. Ich habe Erbsensuppe gekocht, das ist viel besser als Sushi. Nichts gegen rohen Fisch, ich habe selbst schon welchen gegessen, als ich nur mit einem Rettungsring um die Hüften auf dem offenen Meer getrieben bin. Aber der schmeckte wenigstens auch nach Fisch und nicht nach Spekulatius.«

»Es war Lebkuchen«, bemerkte Olga und Oskar sagte: »Aber Erbsensuppe ist uns auch lieber. Wir haben nämlich tatsächlich Hunger.«

»Ich dachte mir, dass ihr hier vorbeischauen würdet, und da haben Digger und ich euch was übrig gelassen«, erwiderte Fiete. »Holt euch zwei Teller, dann kriegt ihr was Vernünftiges zu futtern.«

»Hat Frau von Schnörkel Ihnen wirklich verboten, bis zum Heiligabend das Haus zu betreten?«, fragte Olga.

»Nur zum Tischräumen und Abwaschen darf ich rein und ich bin sehr glücklich darüber, diese rotgoldene Hölle bis dahin nicht häufiger betreten zu

müssen. Und Digger auch. Nicht wahr, Digger?«
Fiete schaute zu Moby Dick, der es sich wieder auf
seiner Decke bequem gemacht hatte. »Schlimm ist
nur, dass er nicht mehr in den Garten darf, wenn
diese Schnörkeltante sich da draußen rumtreibt.
Und das alles nur, weil Digger sie zur Begrüßung
einmal freundlich abgeschleckt hat.«

»Aber was machen wir denn jetzt?«, fragte Olga, als
sie und Oskar sich satt gegessen hatten. »Das wird
bestimmt eine ganz schreckliche Adventszeit.«

»Muss nicht«, sagte Oskar. »Das kann ja auch
ganz nett werden. Mal so ein richtig großes Weihnachtsfest mit allem Drum und Dran.«

Die Zwillinge saßen mit Moby Dick auf Fietes Sofa und wenn sie zum Fenster rausschauten,
konnten sie den riesigen Weihnachtsmann sehen,
der im Wind sanft hin und her tanzte. Bei jeder Be-
wegung knurrte die Dogge böse. Vor ihnen auf dem
Tisch lag der Adventskranz, den Olga und Oskar
gebastelt hatten. Fiete hat ihn nicht in den Müll ge-
schmissen, sondern mit in seine Hütte genommen.

»Keine Ahnung«, brummte Fiete. »Das ist so,
als wenn ihr jahrelang zur Adventszeit in einem
Ruderboot gefahren wärt und jetzt plötzlich auf

ein Luxus-Kreuzfahrtschiff umsteigen würdet. Da muss es ja noch irgendwas dazwischen geben.«

»Können Sie uns nicht helfen, Frau von Schnörkel wieder loszuwerden?«, fragte Olga.

»Einen Teufel werde ich tun«, erwiderte Fiete. »Wenn eure Eltern dahinterkommen, seid ihr mich auch noch los. Und das will ich nicht riskieren, wo ich hier doch gerade erst vor Anker gegangen bin.«

Oskar sagte nichts, sondern kraulte Moby Dick hinter den Ohren. Weil er so groß war, lag sein hinterer Teil auf Olgas Beinen und der vordere auf Oskars.

»Vielleicht wird es ja auch gar nicht so schlimm«, versuchte Fiete, Olga zu trösten.

»Natürlich wird es das nicht, das wird super!«, rief Oskar dazwischen.

»Und falls doch nicht, könnt ihr immer zu mir kommen«, erklärte Fiete feierlich. »Meine Hütte ist euer Rettungsboot, egal was noch passieren wird.«

Als die Eltern der Zwillinge am Abend nach Hause kamen, blieben sie geschockt im Eingang stehen. Frau von Schnörkel kam auf sie zugestürmt und rief: »Ist es nicht zauberhaft?! Und das ist alles, alles aus Ihrem Katalog!«

Oskar nahm seinen Vater und seine Mutter an die Hand, um ihnen das geschmückte Haus zu zeigen. Im Gegensatz zu seiner *großen* Schwester fand er die Deko in der Villa immer noch wunderschön und überhaupt nicht zu viel.

Für das Abendbrot hatte sich Frau von Schnörkel umgezogen. Sie trug jetzt einen Hosenanzug in Lila und hatte in einem Restaurant für alle Gänsekeulen mit Rotkohl und Klößen bestellt.

»Die gibt es bis zum Heiligabend jetzt jeden Abend, damit es so richtig feierlich ist«, erklärte sie stolz.

Die Eltern der Zwillinge saßen am Esstisch und schauten besorgt an die Decke, wo der riesige Adventskranz bedrohlich über ihnen schwebte.

»Ah, wie dumm von mir!«, rief Frau von Schnörkel, die die Blicke bemerkt hatte. »Ich habe ganz vergessen, die Kerze anzumachen.«

»Soll ich eine Leiter holen?«, bot Oskar an.

»Nicht nötig, das geht alles vollautomatisch!« Frau von Schnörkel griff nach ihrem Handy und tippte darauf herum.

Im selben Moment leuchtete der Kranz wie eine Diskokugel. Die Farben der LED-Leuchten über dem Esstisch wechselten im Takt der Weihnachtslieder, die laut aus den Boxen ertönten. Abwechselnd wurde das Zimmer in rote, blaue und grüne Farben getaucht.

»So, jetzt ist es so richtig schön weihnachtlich«, verkündete Frau von Schnörkel zufrieden, aber keiner pflichtete ihr bei.

Nicht mal Oskar.

Kapitel 11
Der singende Kalender

»Meinst du, unseren Eltern gefällt, dass Frau von Schnörkel unser Haus in eine Weihnachtshölle verwandelt hat?«, fragte Olga ihren Bruder über das Schlauchtelefon, als die beiden abends in ihren Betten lagen.

»Warum denn nicht?«, antwortete Oskar. »Schließlich verkaufen sie die Sachen doch.«

»Das war ja gerade die Falle.«

»Was denn für eine Falle?«

»Du bist halt noch klein«, erwiderte Olga. »Da verstehst du das nicht.«

»Ich komme gleich rüber und zeige dir, wer hier klein ist!«, rief Oskar.

»Die Falle war, dass sie nur Sachen aus dem Weihnachtskatalog von Mama und Papa eingekauft hat«, erklärte Olga. »Da konnten sie ja schlecht sagen, dass ihnen das nicht gefällt und sie das total hässlich finden, so alles auf einem Haufen. Aber die Rentiere, Weihnachtsmänner und Lichterketten werden ja nicht dafür gemacht, dass man sich gleich das ganze Haus damit vollstopft. Ein oder zwei Stück davon auf der Fensterbank sind ja ganz hübsch, aber zu viel davon ist einfach viel zu viel.«

»Zu viel gibt es gar nicht«, entgegnete Oskar trotzig.

»Und wie war das im Sommer mit dem Erdbeereis? Du hast so viel davon gegessen, bis du Bauchschmerzen hattest und dir schlecht war. Das ist genau dasselbe.«

»Immerhin kriegen wir morgen früh einen Adventskalender. Frau von Schnörkel vergisst den bestimmt nicht, nicht so wie unsere Eltern. Letztes Jahr hatten wir keinen, erinnerst du dich?«

»Natürlich erinnere mich«, antwortete Olga traurig.

Vor einem Jahr waren die Zwillinge am Morgen des ersten Dezembers aufgeregt aus ihren Zimmern gestürmt, um die erste Tür ihres Adventskalenders zu öffnen. Aber da war kein Kalender gewesen, keiner aus dem Supermarkt und auch kein selbst gebastelter. Ihren Eltern war das schrecklich peinlich gewesen und sie hatten versprochen, noch am selben Tag einen oder besser gleich zwei zu besorgen. Aber sie hatten es vor lauter Arbeit vergessen und bis zum Heiligen Abend hatten Olga und Oskar nicht ein einziges Kalendertürchen öffnen können.

»Sie haben halt einfach zu viel tun«, versuchte Olga, ihre Eltern zu entschuldigen.

»Deswegen haben sie ja auch Frau von Schnörkel engagiert«, sagte Oskar. »Ich finde das gut.«

»Bestimmt übertreibt sie wieder.«

»Ist doch gut, dann kriegt jeder von uns zehn Adventskalender.«

»Was ist denn daran gut?«

»Zehn sind zehn Mal besser als nur einer.«

»Sind es nicht!«

»Sind es doch!«

Die beiden stritten noch eine Weile, bis Oskar auf seiner Seite einfach den Korken in den Telefonschlauch drückte.

Olga versuchte zu schlafen, aber das klappte nicht so richtig, weil der Generator unter dem Fenster einen Höllenlärm machte.

Irgendwann klappte es doch. Aber nicht lange.

Am frühen Morgen wurde sie von lautem Hämmern aus dem Garten geweckt. Olga stand auf, öffnete das Fenster und schaute hinaus.

Draußen im Park bauten Frauen und Männer Holzhütten auf. Es waren mindestens zwanzig

Buden, die im Kreis um den aufgepusteten Weihnachtsmann herumstanden. Frau von Schnörkel lief in einem schicken grünen Hosenanzug aufgeregt zwischen den Buden herum und gab Anweisungen. Fiete und Moby Dick konnte Olga nirgends entdecken, aber das überraschte sie nicht. Die beiden waren sicher im Gartenhäuschen, weil sie lieber Abstand zu Frau von Schnörkel hielten.

»Was wird das?« Der Lärm hatte auch Oskar geweckt und auch er hatte sein Fenster geöffnet.

»Keine Ahnung«, erwiderte Olga.

»Was ist denn hier los?« Ein weiteres Fenster öffnete sich und die Eltern der Zwillinge schauten aus ihrem Schlafzimmer hinaus.

»Warum seid ihr noch nicht bei der Arbeit?«, fragte Olga überrascht.

»Wir haben verschlafen«, sagte ihre Mutter und ihr Vater sagte: »Wegen des blöden Generators haben wir die ganze Nacht kein Auge zugemacht.«

Jetzt hatte Frau von Schnörkel die Zwillinge und ihre Eltern entdeckt und winkte fröhlich zu den Fenstern hoch.

»Wie schön! Da ist ja die ganze Heilige Familie beisammen!«, rief sie. »Guten Morgen, haben Sie gut geschlafen?«

»Überhaupt nicht«, erwiderte Olgas Vater. »Der Generator war so laut.«

»Oh, das tut mir leid«, bedauerte Frau von Schnörkel. »Aber für ein perfektes Weihnachtsfest müssen wir halt alle ein paar Opfer bringen. Ich habe übrigens hervorragend geschlafen. Na ja, ich habe mir ja auch ein Zimmer nach hinten raus ausgesucht. Da hört man die Maschinen nicht so laut.«

»Wozu sind die Hütten da?«, fragte Olgas Mutter.

»Das wird Ihr Weihnachtsmarkt«, antwortete Frau von Schnörkel. »Wenn die Männer und Frauen hier fertig sind, haben Sie Ihren eigenen

Weihnachtsmarkt, ganz ohne Geschubse und Ge-
drängel, nur für sich allein. Und das Beste ist: Das
ist kein gewöhnlicher Weihnachtsmarkt, sondern
ein richtig schöner Mittelalter-Weihnachtsmarkt.
Das wird supi! Da gibt es dann auch Bratwürste,
Zuckerwatte, gebrannte Mandeln, Glühwein, Kinderpunsch und in einer besonders großen Bude
auch eine kleine Auswahl der wunderbaren Deko-
Artikel, die Sie in Ihren Katalogen anbieten.«

»Die brauchen wir doch gar nicht zu kaufen, die
haben wir doch schon!«, rief Olgas Vater und Oskars Mutter sagte: »Die Sachen gab es im Mittel-

alter doch auch noch gar nicht, das ist doch fast alles aus Plastik.«

»Jetzt seien Sie doch mal nicht so kleinlich. Es wäre doch kein richtiger Weihnachtsmarkt, wenn es da keine Zuckerwatte gäbe und man keine Krippenfiguren und Kugeln für den Tannenbaum kaufen könnte.« Frau von Schnörkel zeigte auf ein Gestell, bei dem die Zwillinge sich schon die ganze Zeit gefragt hatten, was das werden sollte. »Es gibt sogar ein Karussell mit süßen bunten Holzpferdchen für die Kleinen. Aber das Beste haben Sie noch gar nicht gesehen.« Frau von Schnörkel griff nach ihrem Handy und tippte eine Nummer ein, dann sprach sie mit irgendwem und legte wieder auf.

»Was ist es denn?«, rief Oskar ungeduldig.

»Siehst du das Haus da gegenüber?« Frau von Schnörkel zeigte auf ein altes Gebäude, das direkt hinter dem Park lag.

»Ist ja nicht zu übersehen«, erwiderte Olga.

»Dann passt mal gut auf, denn es ist Zeit für das erste Türchen ...«

Im selben Moment öffnete sich eines der Fenster, hinter dem eine Frau stand. Als sie zu singen begann, erkannte Olga die Stimme sofort wieder und ein Blick durch ihr Teleskop bewies es endgültig: Die

Sängerin in dem Fenster gegenüber war niemand anders als die weltberühmte Sängerin Lady Baba.

»So einen Kalender hat niemand außer euch!«, rief Frau von Schnörkel begeistert. »Bis zum Heiligen Abend wird Lady Baba dort drüben jeden Morgen ein neues Fenster öffnen und ein Lied für euch singen. Ich habe sie den ganzen Dezember exklusiv unter Vertrag genommen.«

»Was heißt exklusiv?«, wollte Oskar wissen.

»Wenn ich Frau von Schnörkel richtig verstanden habe, wird Lady Baba in dieser Zeit nur für uns singen«, erklärte Anja und Jochen ergänzte: »Und für niemand anders.«

»Genauso ist es!« Frau von Schnörkel strahlte. »Ist das nicht supi?! Klar ist das supi!«

»Schokolade wäre mir lieber gewesen«, brummte Oskar und Olga sagte: »Außerdem hat das Haus ja gar keine vierundzwanzig Fenster.«

»Noch nicht«, erwiderte Frau von Schnörkel. »Meine fleißige Handwerkertruppe wird heute Nachmittag noch die fehlenden Fenster aus der Fassade rausbrechen, damit Lady Baba für euch jeden Morgen ein neues Türchen öffnen kann.«

Und das war dann schon irgendwie cool, das musste sogar Olga zugeben.

Kapitel 12
Holde Maid und edler Recke

In der Schule lachten alle über Olga und Oskar, als sie ihrer Klasse erzählten, dass sie einen eigenen Weihnachtsmarkt hatten und in ihrem Adventskalender heute Morgen keine Schokolade, sondern Lady Baba gesteckt und für sie gesungen hatte.

»Ihr könnt uns ja alle mal besuchen kommen«, schlug Oskar vor.

»Und vielleicht singt Lady Baba dann auch einen Song für euch«, sagte Olga.

Aber das glaubte den beiden natürlich niemand und deswegen waren die Zwillinge ganz froh, dass den Rest des Tages das Krippenspiel geprobt wurde. Da brauchten sie mit niemandem zu reden, sondern konnten die ganze Zeit als Ochs und Eselin auf der Bühne rumstehen, ohne ein Wort sagen zu müssen.

Als Fiete die Zwillinge nach Schulschluss mit dem Wagen abholte, war er nicht allein. Auf dem Beifahrersitz hockte gut angeschnallt Moby Dick, der Olga und Oskar laut kläffend begrüßte. Die beiden freuten sich, die Dogge zu sehen.

»Was macht Moby Dick hier?«, fragte Olga und Oskar sagte: »Der hat uns doch noch nie abgeholt.«

»Ich wollte, dass Digger mal rauskommt und nicht nur in der Hütte hockt«, erklärte Fiete. »Seit diese furchtbare Frau den Park in einen Weihnachtsmarkt verwandelt hat, traut er sich nicht mehr aus der Hütte. Aber er kann ja nicht die ganze Zeit unter Deck hocken, der muss ja auch mal raus und sich eine frische Brise um die Nase wehen lassen.«

Und das tat Moby Dick dann auch. Während der ganzen Fahrt zurück zur Villa streckte er seinen Kopf aus dem offenen Wagenfenster und bellte vergnügt allen Hunden zu, denen sie begegneten.

Das sah so komisch aus, dass die Zwillinge den Ärger in der Schule schnell vergaßen und lachten. Sie hörten erst damit auf, als sie die Einfahrt zur Villa hochfuhren.

»Was ist denn hier passiert?«, fragte Oskar und Olga sagte: »Das gibt es doch gar nicht.«

Über dem Tor prangte ein riesiges Schild, auf dem »Willkommen im Weihnachtstraumland« stand. Rechts und links daneben hingen zwei riesige Engel, die in ihre Trompeten bliesen, als der Wagen unter ihnen hindurchfuhr.

»Die haben schon so einen Lärm gemacht, als ich

mit dem Auto hier rausgefahren bin«, schimpfte Fiete, während Moby Dick wütend die beiden Engel ankläffte. »Von wegen Traumland, das reinste Albtraumland ist das hier geworden.«

Die Engel waren mit einer Lichtschranke auf dem Weg verbunden. Sie schmetterten eine Fanfare und hörten erst wieder auf, als Fiete mit den Zwillingen das Tor passiert hatte.

»Das ist das Zeichen für die Jungs und Mädels in den Buden, dass Kundschaft kommt«, erklärte Fiete. »Passt auf, ihr werdet es gleich selbst sehen.«

Olga und Oskar schauten aus dem Autofenster. Als sie in der Schule gewesen waren, hatten die Handwerker die Hütten alle fertig gebaut. Nun hockten darin Verkäuferinnen und Verkäufer in mittelalterlichen Kostümen und warteten gelangweilt auf Besucher. Aber in dem Augenblick, als sie die Fanfare hörten, sprangen die Männer und Frauen auf und brüllten, so laut sie konnten:

»Leckere Bratwürste!«

»Leckere Zuckerwatte!«

»Leckere gebrannte Mandeln.«

»Leckerer Kinderpunsch.«

»Leckeres Karussell … äh … lustige Karussellfahrt.«

Olga und Oskar kletterten aus dem Wagen und sahen sich zwischen den Buden um. Fiete war mit Moby Dick auch ausgestiegen. Der alte Seemann musste die Dogge an der ganz kurzen Leine halten, damit sie sich nicht auf den aufgeblasenen Weihnachtsmann stürzte.

»Die Ärmsten langweilen sich hier zu Tode, kommt ja keiner«, flüsterte Fiete den Zwillingen zu. »Also passt auf euch auf! Wenn die euch in ihre Hände kriegen, lassen die euch erst wieder los, wenn ihr ihnen irgendwas abgekauft habt.«

Olga und Oskar hielten Abstand zu den Buden, weil die Frauen und Männer darin tatsächlich ihre Arme nach den Zwillingen ausstreckten. Dabei brüllten sie die ganze Zeit »Holde Maid!« und »Edler Recke!«, weil man das auf Mittelaltermärkten halt so brüllt und schreit.

Einmal erwischte ein Mann in einem Narrenkostüm Oskar am Ärmel und zog ihn zu seiner Bude, in der er Holzspielzeug verkaufte. Er ließ Oskar erst wieder los, als Frau von Schnörkel in einem gelben Hosenanzug angeschossen kam und laut rief: »Was ist denn hier los?! Lass sofort den Jungen los!«

»Alles klar bei dir?«, erkundigte sich Olga besorgt.

Oskar nickte nur, weil er immer noch unter Schock stand.

»Das tut mir furchtbar leid«, entschuldigte sich Frau von Schnörkel bei den Zwillingen. »Die Buden sind seit zwei Stunden fertig und ihr seid die ersten Besucher, da ist ja klar, dass sie sich wie die Zombies auf euch stürzen. Ich werde lieber noch ein paar Besucherinnen und Besucher einstellen, dann ist auch viel mehr Stimmung hier.«

Frau von Schnörkel holte ihr Handy heraus und tippte eine Notiz in ihr Smartphone.

Den Rest des Tages passierte nicht mehr viel. Die Zwillinge langweilten sich auf ihren Zimmern, weil sie sich nicht mehr in den Garten trauten, und die Verkäuferinnen und Verkäufer langweilten sich in ihren Buden, weil Frau von Schnörkel auf die Schnelle keine Besucherinnen und Besucher hatte auftreiben können. Olga beobachtete die Männer und Frauen heimlich mit ihrem Teleskop. Einige popelten in der Nase, manche schliefen und die anderen starrten auf ihr Handy, obwohl die auf einem Mittelalter-Weihnachtsmarkt gar nichts zu suchen hatten.

Olga schwenkte ihr Fernglas weiter zu Fietes Gartenhäuschen. Hinter einem der kleinen Fenster konnte sie Moby Dick erkennen, der aus der Ferne den riesigen Plastikweihnachtsmann anknurrte. Von Fiete war weit und breit nichts zu sehen. Der saß bestimmt auf dem Sofa vor dem selbst gebastelten Adventskranz der Zwillinge und trank in aller Ruhe eine Tasse Tee.

»Abwarten und Tee trinken« war sein Lieblingsspruch und so wie Olga ihn kannte, würde er genau das tun, bis Weihnachten vorbei war.

Zum Abendessen gab es auch an diesem Abend wieder Gänsekeulen, Klöße und Rotkohl.

Kapitel 13
Schuhgröße 57

»Warum isst Lady Baba eigentlich nicht mit uns?«, fragte Olga beim Abendessen. »Wo wir sie doch im Dezember exquisit haben.«

»Das heißt ›explosiv‹ nicht ›exquisit‹«, korrigierte Oskar, der froh war, endlich einmal etwas besser zu wissen als seine Schwester.

»Das Wort, das ihr meint, ist ›exklusiv‹«, bemerkte Frau von Schnörkel. »Und der Vertrag, den meine Agentur mit ihr geschlossen hat, umfasst auch nicht den ganzen Tag, sondern nur die Zeit von sieben bis acht Uhr morgens, wenn sich die Türen eures Kalenders öffnen.«

»Puh, da bin ich aber erleichtert«, sagte Anja und Jochen sagte: »Das wäre sonst ja auch ziemlich teuer geworden.«

»Das wird es trotzdem«, erwiderte Frau von Schnörkel und schaute auf ihr Handy, das neben ihrem Teller lag. »Sie wird ja jeden Morgen pünktlich mit einem Privatflieger eingeflogen und danach geht es mit dem Jet wieder nach Hause. Aber Sie sagten ja, für ein perfektes Weihnachtsfest für

Ihre entzückenden Zwillinge ist Ihnen nichts zu teuer. Und jetzt muss ich ein wenig arbeiten, bis zum Heiligabend ist noch viel zu tun. Aber dafür wird der umso schöner, versprochen.«

Als Frau von Schnörkel nach dem Essen auf ihr Zimmer gegangen war, um die nächsten Tage vorzubereiten, saßen die Zwillinge mit ihren Eltern schweigend um den Tisch. Alle starrten immer wieder besorgt auf den gigantischen Adventskranz über ihnen. Von draußen drang das Getöse des Generators und die laute Weihnachtsmusik aus den Lautsprechern der Buden ins Esszimmer.

Fiete kam herein, um den Tisch abzuräumen. Er trug Kopfhörer und deswegen hörte er nicht sofort, dass Anja ihn fragte: »Sind die Leute draußen immer noch da?«

Oskar musste Fiete sanft in die Seite stoßen, damit er seine Kopfhörer abnahm.

»Entschuldigen Sie, aber ich halte diese Musik da draußen einfach nicht mehr aus. Ständig läuft ›Last Christmas‹. Was hatten Sie gerade gefragt?«

»Ob die Leute in den Buden noch da sind«, wiederholte Anja.

»Ja«, antwortete Fiete. »Und ich soll fragen, ob die Familie heute den Weihnachtsmarkt noch besuchen möchte. Wenn nicht, würden die Männer und Frauen da draußen gerne Feierabend machen.«

»Die können ruhig gehen, wir schauen morgen mal vorbei«, antwortete Jochen. »Oder nächste Woche.«

»Hat ja keine Eile«, erwiderte Fiete. »Die sind jetzt jeden Tag da, haben sie mir erzählt.«

Dann setzte Fiete die Kopfhörer wieder auf und trug das dreckige Geschirr in die Küche, um sich um den Abwasch zu kümmern.

Am Tisch herrschte Schweigen. Die Zwillinge und ihre Eltern schauten abwechselnd hoch zu dem Adventskranz und dann wieder zum Fenster raus. Die Verkäuferinnen und Verkäufer machten ihre Buden dicht und verabschiedeten sich voneinander, während der Riesen-Weihnachtsmann über ihnen im Wind hin und her schwankte, als hätte er zu viel Glühwein getrunken.

»Wir hoffen, euch gefällt die Adventszeit in diesem Jahr besser als in den Jahren vorher?«, fragte Anja die Zwillinge und Jochen ergänzte: »Wir haben uns echt Mühe gegeben, um es euch so schön wie möglich zu machen.«

Oskar nickte und Olga schwindelte: »Ganz toll ist das, echt.«

Sie wusste ja, dass es ihre Eltern nur gut gemeint hatten, als sie Frau von Schnörkel engagiert hatten. Und das ist schließlich oft so, dass man etwas doof findet, aber sich nicht traut, das zu sagen. Und so bleibt alles, wie es ist.

Oder wird sogar noch schlimmer.

Frau von Schnörkel gab sich wirklich alle Mühe, den Dezember für Olga und Oskar zum schönsten ihres Lebens zu machen. Am zweiten Advent kam ein Drei-Sterne-Koch, um gemeinsam mit den Zwillingen Ingwer-Koriander-Chili-Plätzchen zu backen, und ein paar Tage davor hatten Stiefel mit

Süßigkeiten vor den Zimmern der Zwillinge gestanden. Nicht so wie in den Jahren davor, in denen ihre Eltern Nikolaus komplett vergessen hatten.

»Wow!«, rief Oskar begeistert, als er das Paar knöchelhoher Turnschuhe vor seiner Tür entdeckte. Das war mindestens Größe 57 und der rechte und der linke waren bis oben hin gefüllt.

»Wo haben Sie die denn her?«, erkundigte sich Olga. »Die sind ja fast so groß wie die Schiffe, auf denen Fiete früher gefahren ist.«

Frau von Schnörkel nannte den Namen eines berühmten Basketballspielers aus den USA, den sogar die Zwillinge kannten, obwohl sie sich überhaupt nicht für Basketball interessierten.

»Er hat sie getragen, als er mit dem Nationalteam Olympiasieger geworden ist«, erklärte Frau von Schnörkel. »Das sind ganz besondere Stiefel.«

»Das rieche ich.« Olga hatte sich zu den Schuhen hinuntergebeugt und hielt sich die Nase zu, weil die Basketballstiefel noch immer ganz entsetzlich nach dem Fußschweiß des Supersportlers stanken.

Jeden Morgen öffnete sich ein anderes Fenster im Haus hinter dem Park und Lady Baba sang für Oskar und Olga einen ihrer Hits. Die Zwillinge winkten ihr zu, aber Lady Baba erwiderte den Gruß nicht ein einziges Mal und als das Lied zu Ende war, schloss sich das Fenster schnell wieder. Kurz darauf hörten die beiden, dass ein Wagen mit hoher Geschwindigkeit Richtung Flughafen davonraste.

»Warum ist es eigentlich plötzlich so still?«, fragte Oskar eines Morgens.

»Weil Lady Baba aufgehört hat zu singen, du Doofi«, erwiderte Olga.

»Das höre ich selbst, ich meine den Generator«, erklärte Oskar. »Der macht keinen Lärm mehr.«

Erst da bemerkten die Zwillinge, dass der große Weihnachtsmann nicht mehr da war. Stattdessen lagen zwischen den Buden überall rote und weiße Plastikfetzen herum.

Olga schaute sich um und entdeckte hinter dem Karussell Moby Dick, der sich ganz klein machte. So als wollte er sich hinter den Holzpferden und Kutschen verstecken. Olga war sich nicht ganz sicher, aber wenn sie sich nicht sehr täuschte, hingen der Dogge noch rote Fetzen aus dem Maul.

»Guck mal da, Oskar.« Olga zeigte auf Moby Dick, da stürmte auch schon Frau von Schnörkel in einem weißen Hosenauszug aus dem Haus.

»Was ist denn hier passiert?« Entgeistert starrte sie auf die Reste des Plastikweihnachtsmannes an die überall verstreut waren.

»Wir waren das nicht, der war schon kaputt!«, rief Oskar und Olga rief: »Das stimmt! Ehrenwort!«

»Warum solltet ihr auch diesen wunderschönen Weihnachtsmann kaputt machen?«, antwortete Frau von Schnörkel. »Wo ihr ihn doch genauso geliebt habt wie ich! Aber keine Sorge, ich bestelle einen neuen. Einen, der noch größer und noch schöner ist als der alte.« Frau von Schnörkel stoppte, weil ihr plötzlich etwas eingefallen war. »Dann brauche ich aber auch einen stärkeren Generator. Der ist natürlich noch ein bisschen lauter. Aber das lohnt sich! Das wird supi.«

Kapitel 14
Laute Nacht

»Das war Moby Dick, stimmt's?«, fragte Olga, als Fiete sie zur Schule fuhr.

Sie waren spät dran, weil Frau von Schnörkel von Fiete verlangt hatte, die bunten Plastikfetzen wegzuräumen, bevor der Weihnachtsmarkt geöffnet wurde.

»Könnte schon sein, dass ich gestern Abend vergessen habe, ihn einzuschließen, und vielleicht habe ich sogar auf den dicken Weihnachtsmann gezeigt und *Fass, Digger!* gerufen«, antwortete Fiete und grinste. »Möglich wäre das schon.«

»Ich habe Moby Dick gesehen und er hatte noch bunte Plastikfetzen zwischen den Zähnen hängen«, sagte Olga. »Ich hoffe, der Arme hat nichts davon verschluckt.«

»Der ist ja nicht doof, mein Digger«, antwortete Fiete. »Außerdem mag der Knochen viel lieber als aufblasbare Plastikweihnachtsmänner.«

Am Nachmittag war der neue Weihnachtsmann schon aufgebaut. Und genau wie Frau von Schnörkel gesagt hatte, war er doppelt so groß wie der alte. Und der Lärm war auch doppelt so laut, weil man für die riesige rot-weiße Plastikhülle zwei Generatoren benötigte, um sie mit Luft zu füllen. Das hatte zur Folge, dass auch die Musikanlage auf dem Markt doppelt so laut schepperte, damit man die Weihnachtslieder verstehen konnte, die aus den Lautsprechern plärrten.

»Von wegen *Stille Nacht*«, brummte Olga, als sie mit Oskar und ihren Eltern am Abend den Weihnachtsmarkt im Park besuchte. Die Zwillinge sahen ihren Eltern an, dass sie keine große Lust hatten, über einen leeren Markt zu bummeln. Deswegen hatten sie den ersten Besuch lange vor sich hergeschoben. Aber Frau von Schnörkel hatte darauf bestanden und konnte sich in ihrem lila Hosenanzug vor Begeisterung gar nicht mehr einkriegen.

An jeder Bude blieb sie lange stehen und rief: »Die Bratwurst ist wirklich supi, supilecker!« Oder: »Sind die neongelben Christbaumkugeln nicht herzallerliebst! Oh ja, das sind sie!« Oder: »Und das hübsche Karussell ist wirklich zum Schockverlieben. Wenn ich könnte, würde ich es heiraten!« Dabei musste sie brüllen, damit man sie bei dem Lärm überhaupt verstehen konnte.

Frau von Schnörkel plapperte die ganze Zeit und da fiel es nicht auf, dass die Zwillinge und ihre Eltern kaum etwas sagten. Oskar und Olga hielten sich genau in der Mitte des Weges, der zwischen den Buden hindurchführte. Ihr Vater war weniger vorsichtig und wurde sofort von einer Verkäuferin gepackt, die in ihrer Bude Socken, Handschuhe und Mützen aus Lamawolle anbot. Die Frau wollte Jochen gar nicht mehr loslassen. Das tat sie erst,

als Frau von Schnörkel drohte, sie zur Strafe von der Bude mit den Wollsachen zu den blauen Mobil-Klos zu versetzen, die am Rand des Weihnachtsmarkts standen. Obwohl es ja gar keine Besucher gab und die Zwillinge und ihre Eltern lieber eine der vielen Toiletten in der Villa benutzten.

Als sie ihren Spaziergang über den Weihnachtsmarkt fortsetzten, hielten auch die Eltern der Zwillinge lieber einen Sicherheitsabstand zu den Ständen, in denen die Männer und Frauen ihr Angebot in dieser komischen Sprache anpriesen, die nur auf Mittelaltermärkten und nirgendwo anders gesprochen wird. Olga war sich ziemlich sicher, dass im echten Mittelalter niemand Sätze gesagt hatte wie:

»So kommet doch näher, reizende Jungfer.«

»Edler Recke, möge er einen Blick auf meine bescheidenen Spezereien werfen?«

»Wünschet Ihr noch einen weiteren Trunk?« Der letzte Satz meinte, ob man noch etwas zu trinken haben möchte.

»Klar nehmen wir noch einen!«, rief Frau von Schnörkel, die bereits drei große Tassen Glühwein getrunken hatte. »Der Wein stammt übrigens aus den teuersten Trauben Frankreichs und der Kinderpunsch wird aus Orangen gemacht, die heute Morgen noch in Spanien an den Bäumen hingen. Hier gibt es nur das Beste vom Besten.«

Frau von Schnörkel, die Zwillinge und ihre Eltern standen zusammen an einem Stehtisch vor der Glühweinbude. Aus den Lautsprechern ertönte Weihnachtsmusik, in der Luft hing der Geruch von gebrannten Mandeln und die Lichter an den Buden leuchteten und funkelten festlich, weil es schon dunkel geworden war. Trotzdem kam keine richtige Stimmung auf und das lag daran, dass sie ganz allein waren. Es fehlten einfach Menschen, um so einen Markt gemütlich zu machen, aber nicht mal Fiete ließ sich blicken. Der hatte sich wahrscheinlich wieder mit Digger in seinem Häuschen verkrochen, um seine Ruhe zu haben, vermuteten die Zwillinge.

»Was wird eigentlich aus den ganzen Würstchen, die auf dem Grill liegen? Die schafft ja nicht mal Moby Dick«, fragte Oskar. »Und der Kinderpunsch in den großen Töpfen ist doch auch viel zu viel für uns.«

»Ein bisschen davon nehmen sich die Leute hier abends mit nach Hause. Das ziehe ich ihnen natürlich von ihrem Lohn ab«, antwortete Frau von

Schnörkel. »Und den Rest schmeißen und kippen wir weg, damit es morgen wieder frische Ware gibt. Wie ich schon sagte: Dieses Jahr gibt es für euch in der Weihnachtszeit nur das Beste vom Besten.«

Olga und Oskar sahen sich erschrocken an. Das war ja schrecklich, dass so viel weggeworfen wurde. Da musste unbedingt etwas geschehen, das war den Zwillingen klar.

Aber was?

Ihre Eltern sagten kein Wort, die standen an dem Stehtisch, hielten sich an ihren Glühweinbechern fest und sahen einfach nur schrecklich müde aus. Kein Wunder, wo sie doch von morgens bis abends arbeiteten. Sogar am Wochenende.

Dafür sprach Frau von Schnörkel umso mehr, während sie eine Tasse nach der anderen trank. Von dem Glühwein würde heute nicht mehr viel übrig bleiben, da waren sich Olga und Oskar sicher.

»Ich werdet sehen, das wird das tollste Krippenspiel, das eure Schule jemals gesehen hat!«, rief Frau von Schnörkel. »Wenn es dafür keinen Oscar gibt, dann ...«

Frau von Schnörkel fing albern an zu lachen, weil ihr plötzlich aufgefallen war, dass der berühmte Filmpreis in Hollywood fast genauso hieß wie Olgas

Bruder. Sie konnte sich gar nicht mehr einkriegen, während der Mann in dem Glühweinstand ständig auf die Uhr schaute, weil er endlich Feierabend machen wollte. Auch die Eltern der Zwillinge sahen so aus, als wollten sie schnell ins Bett. Aber Frau von Schnörkel war noch lange nicht fertig. Sie erzählte und erzählte und Olga hatte den Verdacht, dass sie sonst einfach niemanden hatte, mit dem sie reden konnte.

Irgendwann lief Frau von Schnörkel zu dem Karussell, kletterte auf eines der bunten Holzpferde und stieg erst wieder ab, als sie nach fünfundzwanzig Runden ganz grün im Gesicht wurde.

»Das Allerbeste habe ich ja noch vergessen, ich Schusselchen!« Frau von Schnörkel griff nach ihrem Handy, aber es dauerte ein wenig, bis sie mit ihren Fingern die richtigen Tasten traf.

Anja, Jochen und ihre Zwillinge sprangen geblendet zurück, weil die Villa plötzlich so hell erstrahlte, als hätte man fünf Containerladungen mit blinkenden Glühbirnen über ihr ausgeschüttet.

»Das müssen eine Million Lampen sein, mindestens.« Oskar hielt sich wie alle anderen die Hände vor die Augen, um sich vor dem grellen Leuchten zu schützen.

»Zwei Millionen, um genau zu sein, Oskarchen«, lallte Frau von Schnörkel. »Ist das nicht wunnner-wunnerschön?!«

Dann legte sie ihren Kopf auf dem Stehtisch ab und fing mit geschlossenen Augen an zu schnarchen. Im selben Augenblick sprang im Haus die Sicherung raus, sodass die Villa und alle Buden im Dunkeln lagen. Nur hinter Fietes Fenster flackerten die Kerzen des selbst gebastelten Adventskranzes der Zwillinge.

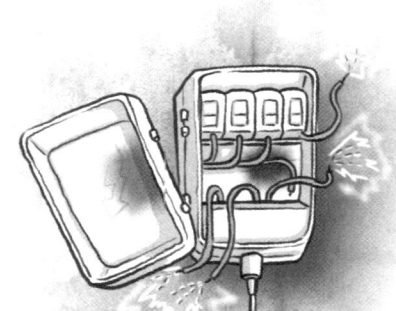

Kapitel 15
Ihr Kinderlein kommet ...

Am nächsten Morgen funktionierte der Strom wieder und vor der Villa parkten vier Busse. Obwohl Olga und Oskar seit einigen Tagen nachts Ohrstöpsel trugen, damit sie trotz des Lärms unter ihren Fenstern schlafen konnten, waren sie durch die lauten Trompeten der Engel am Tor geweckt worden. Die Zwillinge liefen zum Fenster und da sahen sie Menschen, die aus den Bussen stiegen. Es waren mindestens zweihundert Kinder, Männer und Frauen, zwischen denen Frau von Schnörkel aufgeregt in einem schwarzen Hosenanzug hin und her wuselte.

»Meinst du, das sind die Besucher für den Markt, die Frau von Schnörkel anheuern wollte?«, fragte Oskar.

»Schon möglich, aber ist das nicht ein bisschen früh am Morgen?«, erwiderte Olga. »Es ist noch nicht mal acht Uhr, eigentlich ist es noch mitten in der Nacht!«

Im selben Augenblick öffnete sich im Haus gegenüber eines der neuen Fenster, die die Handwerker dort zusätzlich eingebaut hatten. Lady Baba begann zu singen und diesmal war es ein deutsches Weihnachtslied. Es klang wie »O Tannenbaum«, aber das verstand man kaum, weil Lady Baba nicht besonders gut Deutsch sprach. Doch das störte nicht weiter. Die vielen Besucherinnen und Besucher hatten sich in Gruppen aufgestellt und sangen so laut, dass man Lady Baba sowieso kaum hören konnte.

Dann war das Lied auch schon wieder vorbei und Frau von Schnörkel scheuchte die Sängerinnen und Sänger wieder zurück in ihre Busse.

»Ich dachte, die sollen den Weihnachtsmarkt besuchen!«, rief Olga und Oskar rief: »Damit hier mal ein bisschen mehr los ist und nicht so viel weggeworfen werden muss.«

»Nein, nein, nein, dafür haben die alle doch gar keine Zeit«, erwiderte Frau von Schnörkel und winkte den abfahrenden Bussen hinterher. »Das sind hochbezahlte Chöre, die besten, die es gibt in Europa. Die müssen weiter zu ihrem nächsten Auftritt. Ich habe die engagiert, damit es so ein richtig schöner feierlicher dritter Advent wird und ihr nicht allein singen müsst, weil eure Eltern heute leider arbeiten müssen. Ich hatte ja keine Ahnung, wie laut die sind!«

Frau von Schnörkel griff sich an den Kopf. »Ich habe heute ein bisschen Kopfschmerzen, keine Ahnung, warum.«

Olga und Oskar sahen sich an, weil sie beide vermuteten, dass Frau von Schnörkels Kopfschmerzen etwas mit dem Glühwein von gestern Abend zu tun hatten.

»Und jetzt kommt runter, dann können wir zusammen frühstücken.« Frau von Schnörkel zuckte beim Klang ihrer eigenen Stimme zusammen.

»Was gibt es denn?«, fragte Oskar.

»Spekulatius, Lebkuchen und Marzipankartoffeln«, flüsterte die Agentur-Chefin. »Was sonst? Ist ja schließlich bald Weihnachten.«

Nach dem Frühstück liefen Olga und Oskar schnell rüber zur Fiete. Das hatten sie gestern Abend schon tun wollen, aber da war es zu spät gewesen. Sie mussten zehnmal klopfen, bevor Fiete aufmachte. Er hatte sich Watte in die Ohren gestopft und Moby Dick Kopfhörer aufgesetzt, damit er die Generatoren nicht hören musste.

»Womit können Digger und ich euch helfen?«, fragte Fiete und ließ die Kinder in seine Hütte.

»Seid ihr in schwere See geraten? Ist ein Mann über Bord? Oder habt ihr ein Leck im Heck?«

»Alles auf einmal«, stöhnte Olga und ließ sich auf das Sofa fallen.

Sofort kam Moby Dick und legte seinen großen Kopf auf ihre Knie, damit sie ihn hinter den Kopfhörern krabbelte, die er immer noch über den Ohren trug. Vor dem Fenster bemerkte Olga neue, dicke schwarze Vorhänge, die Fiete bestimmt besorgt hatte, um sich vor dem grellen Licht der zwei Millionen Lämpchen zu schützen, mit denen Frau von Schnörkel die Villa nachts zum Glitzern brachte.

»Bei Ihnen ist es viel gemütlicher als bei uns.« Oskar betrachtete nachdenklich die drei Kerzen, die Fiete in ihrem selbst gebastelten Adventskranz angezündet hatte.

»Also was ist los?«, hakte Fiete nach.

»Am Anfang fand ich es drüben ja noch ganz nett«, erklärte Oskar.

»Du musst dich nicht entschuldigen. Du bist halt noch klein, da steht man auf so was«, sagte Olga.

»Du warst doch auch ganz hin und weg, als Lady Baba für uns gesungen hat«, entgegnete Oskar. »Bis du gemerkt hast, dass du sie nie kennenlernen wirst, weil sie immer sofort wieder verschwindet.«

»Nicht streiten, Kinners«, sagte Fiete. »Sagt mir lieber, was ihr von mir wollt.«

»Wir brauchen Ihre Hilfe«, erklärte Olga. »Solange es nur um uns ging, war es ja nicht so schlimm. Also, schlimm war es schon, aber unsere Eltern haben es ja nur gut gemeint, als sie Frau von Schnörkel engagiert haben. Doch dass auf dem Markt da drüben jeden Abend so viel Zeug weggeworfen wird, geht gar nicht.«

»So ein Weihnachtsmarkt ohne Besucher ist eben blöd«, sagte Oskar. »Sie kennen doch bestimmt Leute, die sich freuen würden, wenn sie umsonst was zu essen und zu trinken kriegen.«

»Und Karussell fahren dürfen sie natürlich auch«, versprach Olga.

»DAS ist der wahre Geist der Weihnacht«, lobte Fiete und begann leise, »Ihr Kinderlein kommet«

zu singen. Erst als er alle acht Strophen zu Ende gesungen hatte, schaute er die Kinder an und fragte: »Und wie schafft man es, dass die Kinderlein kommen?«

»Indem man sie einlädt?«, fragte Oskar vorsichtig zurück.

»Sehr gut«, lobte Fiete. »Müssen ja nicht nur Kinder sein, alte Menschen kommen bestimmt auch ganz gerne.«

»Das ist die Idee!«, rief Olga. »Wir basteln Einladungskarten.«

»Worauf wartet ihr dann noch …«

Fiete wurde von den Fanfaren der Engel an der Einfahrt unterbrochen. Die Zwillinge schauten neugierig aus dem Fenster und sahen, wie zwei große Lastwagen vor der Villa parkten.

Vier Männer sprangen aus den Wagen und begannen damit, riesige Pakete mit einer Sackkarre von der Ladefläche ins Haus zu tragen.

»Was ist denn da los?«, wunderte sich Olga.

»Lass uns nachsehen«, schlug Oskar vor, dann wandte er sich an Fiete. »Kommen Sie mit?«

»Lieber nicht«, erwiderte Fiete. »Ich bleib mit Digger hier unter Deck, da haben wir unsere Ruhe.«

»Von wegen Ruhe«, sagte Olga, weil die Verkäuferinnen und Verkäufen auf dem Weihnachtsmarkt angefangen hatten, laut ihre Waren anzupreisen. Erst als sie bemerkten, dass die Männer mit der Sackkarre keine Besucher, sondern nur Lieferanten waren, verstummten sie wieder.

Kapitel 16
Aus eins mach vier

»Was ist denn hier los?«, fragte Olga, als sie mit Oskar die Villa erreicht hatte.

»Macht sofort die Augen zu! Ihr habt nichts gesehen, habt ihr verstanden!« Frau von Schnörkel stand in einem rosa Hosenanzug mit einer langen Liste an der Haustür und hakte darauf etwas ab, wenn die Männer wieder eines der vielen Pakete an ihr vorbeitrugen.

»Aber warum denn?«, wollte Oskar wissen.

»Weil hier gerade eure Supi-supi-Weihnachtsgeschenke geliefert werden«, antwortete Frau von Schnörkel. »Habt ihr eigentlich schon was für eure Eltern?«

Die Zwillinge sahen sich an, dann schüttelten sie den Kopf. Geschenke bastelten sie immer erst ein paar Tage vor Heiligabend, manchmal auch erst am dreiundzwanzigsten Dezember. Das war immer noch früh genug gewesen, um ein Bild zu malen oder einen Topflappen zu häkeln.

»Das dachte ich mir«, sagte Frau von Schnörkel und schaute die Zwillinge streng an. »Aber dafür bin ich ja da. In der Küche wartet bereits jemand auf euch, der hilft euch ein bisschen.«

Als Olga und Oskar in die Küche kamen, wurden sie von hellem Licht geblendet. Zuerst dachten sie, dass Frau von Schnörkel auch hier überall ihre Weihnachtsbeleuchtung angebracht hatte, aber es waren nur zwei Filmscheinwerfer. Zwischen den Lampen stand eine Kamera, die auf einen Jungen gerichtet war. Die Zwillinge erkannten ihn erst auf den zweiten Blick, weil er ganz anders aussah als in seinen Videos. Viel blasser und unscheinbarer, als sie ihn von YouTube kannten.

Aber zum Glück trug Bastelking wie immer eine Mütze mit dem Namen seines YouTube-Kanals auf dem Kopf. Olga und Oskar waren beide riesige Fans von ihm und hatten alle seine Filmchen gesehen, die meisten sogar mehrfach. So wie fünf Millionen andere Follower auch.

Olgas und Oskars Lieblingsbeiträge waren, wie Bastelking

... aus einer alten Käsereibe ein Nudelsieb baut,

... mit einem einzigen Hamster ein Hamsterrad antreibt,

... auf einer Wärmflasche ein Spiegelei brät, das ein wenig nach Gummi schmeckte, aber ansonsten perfekt aussah.

»Da seid ihr ja endlich, dann können wir auch anfangen«, begrüßte Bastelking die Zwillinge gelangweilt. »Je schneller wir beginnen, desto schneller sind wir fertig und ich kann wieder nach Hause fahren.«

»Wie sind riesige Fans von dir!«, rief Oskar und Olga rief: »Das ist so toll, was du machst!«

»Ich weiß, das sagen alle«, entgegnete Bastelking unbeeindruckt und prüfte sein Aussehen in der Spiegelung des Kameraobjektivs.

»Was basteln wir denn für unsere Eltern?«, fragte

Olga und Oskar wollte wissen: »Was zum Hinstellen oder was zum Benutzen?«

»Hier steht ja wohl überall schon genug herum«, erwiderte Bastelking und zeigte auf die vielen Nussknacker, Weihnachtspyramiden und Räuchermännchen, mit der Frau von Schnörkel auch die Küche dekoriert hatte. »Nein, ich bastle heute etwas, das man wirklich gebrauchen kann. Nicht so einen nutzlosen Schnickschnack!«

»Super!«, rief Oskar und Olga rief: »Ich freu mich schon.«

Für einen kurzen Moment fanden die Zwillinge Frau von Schnörkel gar nicht mehr so schlimm. Immerhin hätten sie ohne die Chefin der Agentur *Alles ist möglich* ihr Idol Bastelking nicht kennengelernt. Das war sogar noch besser als der Adventskalender mit Lady Baba. Denn die hatten sie bisher immer nur aus der Ferne gesehen, aber Bastelking stand hier direkt vor ihnen in der Küche, um gemeinsam mit ihnen tolle Weihnachtsgeschenke für ihre Eltern zu basteln.

Das war schon super.

»Hey, was soll das denn werden?«, stoppte Bastelking die Zwillinge, als sie zu ihm hinter den Tisch liefen.

»Wir wollen zusammen mit dir basteln«, sagte Olga und Oskar sagte: »Deswegen bist du doch hier, oder?«

»Großer Irrtum, ganz großer Irrtum«, erklärte der YouTube-Star. »Ich bin hier, um Geschenke für eure Eltern zu basteln. Von zusammen steht nichts in meinem Vertrag und deswegen gelten hier folgende Regeln. Erstens: Ihr taucht auf gar keinen Fall vor der Kamera auf, es sei denn, ich säge mir beim Basteln versehentlich ins Bein und drohe zu verbluten. Zweitens: Während der Aufnahme seid ihr mucksmäuschenstill. Wenn ich auch nur einen Ton von euch höre, zeige ich in meinem nächsten Video, wie man aus zwei Zwergen wie euch vier Meisenknödel macht. Drittens: Wenn der Beitrag online geht, klickt ihr, was das Zeug hält, und schreibt ein paar Wahnsinnskommentare darunter. Verstanden?«

»Aber wenn das auf YouTube veröffentlicht wird, wissen unsere Eltern doch schon, was sie zu Weihnachten kriegen«, gab Olga zu bedenken.

»Gucken sich eure Eltern Videos im Internet an?«, fragte Bastelking.

»Nein, dafür haben die gar keine Zeit«, antwortete Oskar.

»Dann ist es doch völlig egal und jetzt haltet die Klappe, es geht los.« Mit einer Fernbedienung schaltete Bastelking die Kamera ein

und lächelte. Das erste Mal überhaupt, während er live seine Zuschauer begrüßte und gleichzeitig auf dem Monitor kontrollierte, ob die Zwillinge versehentlich zu sehen waren und wie viele seiner Follower schon online waren. Erst als er ganz sicher war, dass weder Olga noch Oskar im Bild auftauchten und sich schon ein paar Tausend zugeschaltet hatten, redete er weiter.

»Heute zeige ich euch etwas ganz Besonderes, da habt ihr was Schönes als Geschenk zu Weihnachten. Wir basteln ...« Bastelking machte wieder eine Pause, diesmal um die Spannung zu steigern. »... aus einem ganz gewöhnlichen Geschirrtuch vier bezaubernde Stofftaschentücher.«

Der YouTuber griff nach einer Schere und einem Geschirrtuch mit einem aufgedruckten Tannenbaum, das Fiete sonst zum Abtrocknen benutzte. Dann schnitt er den Stoff in vier Teile, die noch nicht einmal gleich groß waren.

»Schon fertig, jetzt braucht ihr die Taschentücher

nur noch schön einzupacken und fertig ist das perfekte Geschenk für eure BFFs«, verkündete Bastelking und hielt die Stofffetzen in die Höhe. »Schaltet auch nächste Woche wieder ein, wenn ich euch zeige, wie man aus dem neuen Tablet eurer Eltern ein prima Schneidebrett für die Küche bastelt. Und vergesst bitte nicht: liken, liken, liken.«

Bastelking schaltete sein Lächeln wieder ab und mit der Fernbedienung die Kamera aus. Dann warf er den Zwillingen das zerschnittene Handtuch zu. »Hier, eure Geschenke! War mir eine Freude und den zwei Millionen, die zugeschaut haben, bestimmt auch.«

»Das war alles?!« Oskar starrte den YouTuber mit großen Augen an.

»Da hatte ich jetzt schon ein bisschen mehr erwartet«, sagte Olga.

»Dann hättet ihr mich länger buchen müssen«, knurrte Bastelking und zeigte auf die Kamera und die Scheinwerfer. »Ich lasse das Zeug morgen abholen, ich muss noch weiter für Werbeaufnahmen.«

»Und? Wie war's?« Frau von Schnörkel kam in einem türkisfarbenen Hosenanzug die Küche, um Bastelking zu verabschieden.

»Kurz!«, riefen Oskar und Olga gleichzeitig.

»Aber dafür habt ihr jetzt was supi Schönes zum Verschenken, da werden sich eure Mama und euer Papa freuen und wenn ihr brav Bitte sagt, gibt euch Bastelking bestimmt noch ein Autogramm auf eure hübschen Taschentücher.«

»Das kostet aber extra«, brummte Bastelking.

»Kein Problem«, flötete von Frau von Schnörkel. »Die Eltern der Kleinen zahlen alles, damit es dieses Jahr für die zwei ein perfektes Weihnachtsfest wird.«

Kapitel 17
Gemeinsam ist am schönsten

Als Bastelking und Frau von Schnörkel gegangen waren, hatten Olga und Oskar zum Glück keine Zeit, um enttäuscht zu sein, denn die nächste Aufgabe wartete schon auf die Zwillinge. Sie holten sich Papier und malten Einladungen für den Weihnachtsmarkt. Dann jagten sie die Blätter durch den Kopierer, der im Arbeitszimmer ihrer Eltern stand. Es dauerte gar nicht lange, dann hatten sie einen dicken Stapel mit Zetteln, die sie in der ganzen Stadt verteilen konnten. Mit den Einladungen in der Hand liefen sie rüber zu Fiete. Keine fünf Minuten später raste der alte Seebär mit ihnen im Wagen an den Engeln vorbei, die Moby Dick vom Beifahrersitz aus aufgeregt anbellte.

»Wo gehen wir zuerst vor Anker?«, fragte Fiete, ohne sich umzudrehen.

»Da, wo die Leute kein Geld haben, um auf einen Weihnachtsmarkt zu gehen«, sagte Oskar und Olga sagte: »Bei uns ist ja alles umsonst.«

»Sehr gute Idee«, lobte Fiete.

Sie hielten bei jedem Obdachlosen und bei jeder

Flaschensammlerin, sie fuhren in die Stadtviertel, in denen die Menschen nicht in Villen, sondern in hohen Häusern wohnten, und sie besuchten Unterkünfte für Wohnungslose und Containerdörfer, in denen Menschen wohnten, die geflüchtet waren.

Oskar wollte auch beim Tierheim vorbeifahren, aber Olga sagte: »Du bist echt noch so klein, was sollen denn die Tiere auf unserem Weihnachtsmarkt?«

»Doch nicht die Tiere, aber die Leute, die da arbeiten«, erklärte Oskar und das fand Olga dann doch eine gute Idee.

Nach dem Tierheim stoppten sie noch bei allen Seniorenresidenzen, Krankenhäusern und Kinderheimen, die auf ihrem Weg lagen. Hin und wieder

trafen sie auch Kinder, die in Olgas und Oskars Schule gingen. Die bekamen natürlich auch alle eine Einladung. Zusammen mit dem Versprechen, dass auf dem Weihnachtsmarkt im Park der Zwillinge alles umsonst war: Grillwürste, Kinderpunsch, gebrannte Mandeln, Zuckerwatte und die Fahrt auf dem Karussell natürlich auch.

»So, das dürfte reichen«, erklärte Fiete, als sie alle Einladungen verteilt hatten.

»Wenn auch nur die Hälfte von denen kommt, wird es ganz schön eng auf dem Markt«, sagte Oskar. »Ich hoffe nur, wir haben genug Würstchen und Kinderpunsch.«

»Keine Sorge«, erwiderte Olga. »Frau von Schnörkel besorgt doch immer von allem zu viel, da wird das schon reichen.«

Keine halbe Stunde später hörten die Engel gar nicht mehr auf zu trompeten. Kaum hatte ein Gast den Park betreten, kam auch schon der nächste und wurde erneut von einer lauten Fanfare begrüßt. Es waren mindestens zweihundert Menschen, die sich zwischen den Buden drängelten. Erst noch zurückhaltend, dann aber immer mutiger, weil es wirklich nichts kostete und alle riesigen Spaß hatten. Vor allem die Verkäuferinnen und Verkäufer. So war es viel besser, als den ganzen Tag gelangweilt in den Buden zu hocken und auf das Display eines Handys zu starren. Am Karussell hatte sich sogar eine Schlange gebildet, weil alle Besucher darauf fahren wollten, ganz egal ob sie schon uralt oder noch ganz jung waren.

Das Gelächter der Gäste war so laut, dass es sogar die Generatoren des Riesen-Weihnachtsmanns übertönte.

Olga, Oskar und Fiete waren mittendrin und freuten sich, dass die Menschen so viel Freude hatten. Nur Moby Dick hatte sich ins Gartenhaus verkrochen, weil ihm das alles zu rummelig war und er lieber seine Ruhe hatte.

Irgendwann kamen die Eltern der Zwillinge von der Arbeit nach Hause. Anja und Jochen staunten ein bisschen, ein bisschen sehr sogar, aber als Olga und Oskar ihnen alles erklärt hatten, fanden sie die vielen Besucherinnen und Besucher in ihrem Garten super. Jeder sprach mit jedem, egal ob reich oder arm, lobte die Bratwürste und den Punsch und alle sangen laut bei den Weihnachtsliedern mit, die aus den Lautsprechern tönten. Auch wenn dabei nicht alle Töne perfekt getroffen wurden, fanden die Zwillinge, dass es viel schöner klang als der Auftritt der Chöre, die Frau von Schnörkel mit den Bussen angekarrt hatte.

»Schade, dass wir sie nur am Vormittag explosiv haben«, sagte Olga.

Es waren nämlich auch ein paar Kinder aus ihrer Schule da und da hätte sie schon gerne bewiesen, dass sie und Oskar sich den Adventskalender mit der berühmten Sängerin nicht nur ausgedacht hatten.

Der Höhepunkt aber war, als bei Einbruch der Dunkelheit die zwei Millionen Lämpchen erstrahlten und das Haus, den Markt und den Park in ein gleißendes weißes Licht tauchten. Alle Besucherinnen und Besucher riefen begeistert »AHH!« und »OHH!«, nachdem sie sich an das grelle Licht gewöhnt hatten. Und auch die Zwillinge und sogar Fiete fanden es gar nicht mehr so schlimm wie am ersten Tag, weil es viel schöner war, das glitzernde Spektakel mit vielen Menschen gemeinsam zu genießen und nicht nur mit wenigen.

Es war ein rundum schöner Abend und er endete erst, als die Verkäuferinnen und Verkäufer ihre Buden schlossen und auch das Karussell die Glocke für die allerletzte Runde läutete. Die Gäste bedankten sich bei den Zwillingen, verabschiedeten sich bei Anja und Jochen und machten sich vergnügt und beseelt auf den Heimweg.

»Schade, dass Frau von Schnörkel das nicht erlebt hat«, sagte Olga.

»Wo steckt sie eigentlich, sie wuselt doch sonst immer hier rum?«, fragte Oskar.

»Hier bin ich und ich hatte noch etwas Wichtiges für euer perfektes Weihnachtsfest zu erledigen«, ertönte plötzlich eine Stimme hinter ihnen. Es war Frau von Schnörkel in einem beigen Hosenanzug, die die Kinder fragend anschaute: »Wer waren denn all die fremden Leute, die mir an der Einfahrt entgegengekommen sind? Die sahen alle so glücklich aus!«

»Das waren unsere Gäste«, erklärte Anja und Jochen sagte: »Olga und Oskar ...«

»Und Fiete!«, riefen die Zwillinge dazwischen.

»... und Fiete«, fuhr Jochen fort, »haben in der ganzen Stadt Menschen eingeladen, die sich sonst keinen Besuch auf einem Weihnachtsmarkt leisten können.«

»Es war so ein schöner Abend, Sie haben wirklich was verpasst«, ergänzte Anja.

»Aber warum das denn?«, schrie Frau von Schnörkel entsetzt auf. »Der Markt war doch nur für Sie und Ihre Familie gedacht, das sollte doch Ihr ganz privater Weihnachtsmarkt werden.«

»Weil es mit vielen einfach schöner ist«, erwiderte Olga und Oskar sagte: »Und weil man in der Adventszeit auch etwas Gutes tun soll.«

»Aber das habe ich doch schon!«, rief Frau von Schnörkel.

»Was denn?«, fragte Olga überrascht.

»Ich habe die stinkenden T-Shirts, die bei Oskar an der Wand hingen, in die Altkleiderspende gegeben! Obwohl die total verschwitzt und dreckig waren. Und bekritzelt hatte die auch schon irgendjemand.«

Kapitel 18
Der perfekte Baum

Am nächsten Morgen war Oskar immer noch sauer, weil Frau von Schnörkel seine signierten Spielertrikots verschenkt hatte. Seine Begeisterung für die bunte Weihnachtsdeko in der Villa hatte sich schon vorher abgekühlt, aber die großzügige Aktion der Weihnachtsplanerin hatte ihn endgültig geheilt. Oskars Laune besserte sich auch in der Schule nicht, wo sie den ganzen Tag wieder das Krippenspiel übten. Eigentlich machten sie den ganzen Dezember nichts anderes, weil sich die Kinder, die Josef und Maria spielen sollten, ihren Text nicht merken konnten. Da hatten es Oskar und Olga besser, sie standen die ganze Zeit an der Krippe und brauchten als Ochs und Eselin kein Wort zu sagen.

Nach Schulschluss wartete Fiete mit dem Wagen vor der Tür, aber auf dem Beifahrersitz hockte nicht Moby Dick, sondern Frau von Schnörkel, die sich darüber beschwerte, dass auf dem Sitz überall Hundehaare klebten und an ihrem mintfarbenen Hosenanzug hängen blieben.

»Was wollen Sie denn hier?«, fragte Olga und Oskar fragte: »Und wo ist Digger?«

»Digger?«, fragte Frau von Schnörkel zurück.

»Na, Fietes Dogge«, erklärte Olga.

»Ach, du meinst das haarende Kalb«, erwiderte Frau von Schnörkel. »Das haben wir zu Hause gelassen, den können wir nun wirklich nicht gebrauchen, wenn wir einen Tannenbaum aus dem Wald holen. Ist ja schließlich kein indischer Elefant, mit dem man Bäume fällen kann.«

Fiete saß auf dem Fahrersitz und starrte geradeaus. Die Zwillinge sahen ihm an, dass er wenig Lust auf einen Ausflug mit Frau von Schnörkel hatte.

»Das erledigt stattdessen der alte See-Elefant hier neben mir«, sagte Frau von Schnörkel und lachte laut. »Und jetzt steigt ein, damit wir loskönnen.«

Die Zwillinge setzten sich auf die Rückbank und Fiete gab Gas. Er achtete nicht auf das Navi, das Frau von Schnörkel eingestellt hatte. Wenn die Stimme rechts sagte, bog Fiete einfach links ab und umgekehrt.

»Wo wollen Sie denn hin?«, fragte Frau von Schnörkel.

»Ich habe Sehnsucht nach Meer«, brummte Fiete.

»Aber da gibt es doch gar keine Tannenbäume.«

Frau von Schnörkel griff in das Lenkrad und das Auto geriet ins Schleudern. Fast wäre es in einen Stand mit gerösteten Maronen am Straßenrand gerast. Fiete konnte den Wagen gerade noch abfangen. Danach hielt er sich an die Angaben des Navis, machte dabei aber ein Gesicht, das überhaupt nicht zur Adventszeit passte.

»So, alle aussteigen, wir sind da!«, rief Frau von Schnörkel, als sie einen Parkplatz am Waldrand erreicht hatten.

»Warum müssen wir den Tannenbaum selbst schlagen?«, fragte Oskar und Olga fügte hinzu: »Früher haben wir immer einen gekauft, falls unsere Eltern dran gedacht haben.«

»Aber seinen Weihnachtsbaum selbst zu schlagen, ist doch viel, viel stimmungsvoller«, versicherte Frau von Schnörkel, dann wandte sie sich an Fiete: »Holen Sie doch schon mal die Axt aus dem Kofferraum.«

»Von wegen selbst«, knurrte Fiete, als er das Beil holen ging.

Dann liefen sie zu viert in den Wald, auf der Suche nach einer schönen Tanne für die Villa. Überall standen Bäume, einer hübscher und höher als der andere. Aber für Frau von Schnörkel war keiner perfekt genug. Mal waren ihr die Tannen zu groß, dann wieder zu klein, mal hatten sie zu viele Zweige, mal zu wenig.

»Dürfen wir das überhaupt?«, fragte Olga, als sie schon eine Stunde durch den Wald gelaufen waren. »Einfach so einen Baum fällen?«

»Das ist doch bestimmt verboten«, sagte Oskar.

Den Zwillingen war kalt, sie hatten nasse Füße und waren müde. Sie wollten zurück in den Wagen und nach Hause. Eine Tanne konnte man schließlich auch in der Stadt kaufen. Da gab es mehr als genug Stände, an denen die Bäume schön ordentlich verpackt wurden. Die Zwillinge liebten diese Trichter, in die man auf der einen Seite einen Baum hineinschob und auf der anderen verschnürt wieder herausholte.

»Natürlich ist das verboten, streng verboten sogar«, erklärte Frau von Schnörkel. »Aber weil ich dem Förster im Namen eurer Eltern eine großzügige Spende zum Aufforsten gegeben habe, besitzen wir eine Ausnahmegenehmigung. DA!«

Frau von Schnörkel zeigte auf eine Tanne, die neben dem Weg wuchs. Sie war einfach perfekt.

Sie hatte eine gerade Spitze und nicht zu viele und nicht zu wenige Zweige.

»Die ist viel zu groß«, bemerkte Fiete. »Daraus könnte man einen Mast für ein Segelschiff zimmern.«

»Sie wollen sich doch nur vor der Arbeit drücken«, entgegnete Frau von Schnörkel. »Die Tanne ist supi und jetzt schwingen Sie schon die Axt, aber ein bisschen flotti.«

Den Zwillingen tat der Baum leid, als Fiete ihn im Auftrag von Frau von Schnörkel fällte. Dann

tat ihnen Fiete leid, weil er die Tanne zurück zum Auto schleppen musste. Das dauerte, weil Frau von Schnörkel vergessen hatte, die Position des Parkplatzes in ihr Navi einzugeben. Unterwegs schrie sie immer wieder begeistert auf, wenn sie einen Baum entdeckte, der noch eine winzige Spur perfekter war als der, den Fiete hinter sich herschleppte. Aber der alte Seemann weigerte sich, noch eine zweite, dritte oder vierte Tanne zu fällen. Da konnte Frau von Schnörkel noch so viel bitten, betteln und befehlen.

Langsam wurde es dunkel und aus dem Wald erklangen komische Geräusche.

»Ich habe Angst«, flüsterte Oskar seiner Schwester zu.

»Da sieht man mal wieder, wie klein du bist«, erwiderte Olga. Dabei konnte Oskar genau hören, dass sie sich zwischen den finsteren dunklen Tannen genauso fürchtete wie er. Die Zwillinge hatten sich an den Händen gefasst und auch Frau von Schnörkel hielt sich aus Angst ganz nah bei Fiete, während sie auf ihr Handy starrte, das hier im Wald sowieso keinen Empfang hatte. Am wolkenlosen Himmel über ihnen waren nun sogar schon die ersten Sterne zu sehen.

»Wissen Sie vielleicht, wo es langgeht, Herr Fiete?«, fragte Frau von Schnörkel mit zitternder Stimme. »So als alter Seebär.«

»Was denn nun? Seebär oder See-Elefant? Da müssten Sie sich schon entscheiden. Außerdem bin ich nicht alt, nur ein bisschen«, brummte Fiete beleidigt und dann sagte er kein Wort mehr, weil er wegen der ganzen Baumfällaktion sauer auf die Weihnachtsplanerin war.

»Wir müssen da lang«, erklärte Olga plötzlich.

»Wieso?«, fragte Frau von Schnörkel.

»Fiete hat uns beigebracht, wie man sich mithilfe der Sterne orientieren kann. Außerdem sind Sterne mein Spezialgebiet und die sagen mir, wir müssen da lang«, erwiderte Olga.

Frau von Schnörkel hielt den Kopf schief und lauschte: »Ich höre nichts.«

»Das hat Olga doch nicht wörtlich gemeint!«, rief Oskar. »Aber keine Sorge, Olga kennt sich wirklich mit Sternen aus.«

»Wirklich wahr?«, fragte Frau von Schnörkel.

»Sie brauchen keine Angst mehr zu haben«, erklärte Olga.

»Ich habe keine Angst«, schwindelte Frau von Schnörkel, aber weil genau in dem Augenblick ein kleines Tier raschelnd durch den Wald lief, klammerte sie sich schnell an Fietes Oberarm.

»Solange keine Sterne da waren, hatte ich selbst ein bisschen Angst, aber jetzt kann uns nichts mehr passieren«, erklärte Olga. »Nicht wahr, Fiete?«

Der alte Seemann brummte nur zustimmend und versuchte, Frau von Schnörkel von seinem Oberarm zu lösen. Aber das gelang ihm erst, als sie kurz darauf den Parkplatz erreicht hatten. Fiete band die Tanne auf dem Dach fest und musste auf dem Rückweg ganz langsam fahren, weil die Spitze des riesigen Baums die halbe Windschutzscheibe verdeckte. Da nützte es gar nichts, dass Frau von Schnörkel die Scheibenwischanlage anstellte.

Zum Abendessen gab es wieder Gänsekeule mit Rotkohl und Klößen. Diesmal mit grüner Beilage, weil der riesige Adventskalender über dem Tisch begonnen hatte zu nadeln.

Kapitel 19
Besuch aus Hollywood

Am nächsten Morgen sang Lady Baba wieder aus einem der Fenster im Haus gegenüber, aber weder Oskar noch Olga hörten hin. Nach fast drei Wochen war es einfach nichts Besonderes mehr, dass sie einen Superstar im Adventskalender hatten. Außerdem waren die Zwillinge viel zu nervös. Es war der Tag des Krippenspiels, für das sie so lange geprobt hatten. Sogar ihre Eltern hatten sich extra den Mittag freigenommen, um dabei sein zu können. Das hatte allerdings nur geklappt, weil die Zwillinge sie am Abend vorher alle paar Minuten darin erinnert hatten.

Außerdem hatten Olga und Oskar Frau von Schnörkel versprochen, nichts über ihr Verlaufen im Wald zu verraten, wenn die Weihnachtsplanerin dafür sorgte, dass Anja und Jochen auch wirklich pünktlich in der Aula auftauchen würden.

»Und? Aufgeregt?«, fragte Fiete, als er die Zwillinge zur Schule fuhr. »Beim Wal des Propheten, war ich aufgeregt, als ich das allererste Mal in See gestochen bin. Das war ja auch so eine Art Premiere, nur eben nicht auf einer Bühne, sondern auf dem Wasser.«

Olga und Oskar nickten nur, weil sie wirklich aufgeregt waren. Obwohl sie gar nichts zu tun brauchten, außer still im Stall zu stehen. Die Kostüme hatte Frau von Schnörkel extra für die Zwillinge schneidern lassen und sie sahen so echt aus, dass Olga und Oskar von richtigen Ochsen und Eseln kaum zu unterscheiden waren. Hätte man die Zwillinge darin auf eine Weide gestellt, wären sie von Spaziergängern ganz sicher mit Möhren und Äpfeln gefüttert worden.

So echt sahen sie aus.

Hinter der Bühne herrschte ein riesiges Durcheinander. Die Direktorin Frau Tanne und alle Schüler, die am Krippenspiel beteiligt waren, wuselten nervös hinter dem Vorhang herum. Immer wieder schaute eines der Kinder durch ein kleines Loch im Stoff, um zu sehen, ob seine Eltern schon da waren. Auch Olga und Oskar guckten, aber Anja und Jochen fehlten noch, obwohl bereits fast alle Plätze besetzt waren. Es war sogar eine Fotografin der Tageszeitung gekommen. Sie saß in der ersten Reihe, direkt neben Fiete und Moby Dick, die gespannt darauf warteten, dass das Stück endlich losging.

»Meinst du, unsere Eltern kommen noch?«, fragte Oskar.

»Klar, was denkst du denn?«, erwiderte Olga. »Du machst dir nur immer so viel Sorgen, weil du halt noch klein bist.«

»Bin ich nicht!«

»Bist du wohl!«

Bevor Oskar etwas erwidern konnte, tauchte plötzlich Frau von Schnörkel in einem mokkafarbenen Hosenanzug hinter der Bühne auf und sie war nicht allein. Hinter ihr liefen ein paar Bodyguards in schwarzen Anzügen und Sonnenbrillen, die eine große Frau und einen kleinen Mann in ihre Mitte genommen hatten. Weil die Bodyguards alle so groß waren, konnten die Zwillinge nicht gleich erkennen, wer die beiden waren. Aber irgendwoher kamen sie Olga und Oskar bekannt vor.

»Wer sind Sie? Und was wollen Sie hier? Und wer sind alle die Leute?«, fragte Frau Tanne verwundert.

»Führen Sie die Regie bei dem Krippenspiel?«, fragte Frau von Schnörkel zurück.

»Ja, das tue ich«, antwortete Frau Tanne. »Sehr erfolgreich, und das seit zwanzig Jahren.«

»Jetzt nicht mehr«, erwiderte Frau von Schnörkel. »Ab jetzt übernehme ich, damit es dieses Jahr eine Aufführung wird, die die Welt noch nicht gesehen hat und niemals vergisst.«

Die anderen Kinder standen mit großen Augen um die beiden Frauen herum. Auch die beiden, die die Rollen von Josef und Maria spielen sollten.

»Spielt ihr zwei die Hauptrollen?«, wollte Frau von Schnörkel von den beiden wissen.

Josef und Maria nickten.

»Jetzt nicht mehr«, wiederholte Frau von Schnörkel. »Ich könnt meinetwegen noch als Hirten mitmachen, aber Maria und Josef spielen in diesem Jahr Angelica Polie und Bernd Bitt. Ich habe die beiden extra aus Hollywood einfliegen lassen.«

Das war also die große Überraschung, die Frau von Schnörkel angekündigt hatte.

Die Bodyguards machten einen Schritt zur Seite,

sodass alle die zwei Kinostars sehen konnten. Sie trugen bereits ihre Kostüme und die sahen so edel und teuer aus, dass sie überhaupt nicht zur Rolle von Maria und Josef passten, fand Olga. Die waren ja eher arm gewesen.

»Aber das geht doch nicht!«, rief die Direktorin.

»Klar geht das. Sie wollen doch auch, dass es eine tolle Aufführung wird. Dazu brauchen Sie Profis und keine Anfänger wie die beiden Zwerge da.« Frau von Schnörkel zeigte auf Maria und Josef. »Überlegen Sie doch mal, damit kommt Ihre Schule in der Presse ganz groß raus, nicht nur in Deutschland, sondern weltweit«, versprach Frau von Schnörkel. »Und das kostet Sie keinen Pfennig, das zahlen alles die Eltern von dem Ochs und der Eselin.«

Die Direktorin überlegte einen Moment, dann führte sie die heulende Maria und den flennenden Josef weg und sagte: »Für euch finden wir bestimmt noch ein schönes Hirtenkostüm, das verspreche ich euch.«

Dann ging auch schon der Vorhang auf. Noch bevor die Bodyguards der beiden Filmstars von der Bühne verschwinden konnten. Weil sie nicht wussten, was sie tun sollten, blieben sie einfach stehen und taten so, als gehörten sie zum Stück dazu. Angelica und Bernd hatten offenbar auch keine Ahnung, was sie tun sollten, weil sie ihren Text vergessen oder gar nicht erst gelernt hatten. Außerdem sprachen die beiden kein Wort Deutsch, aber das war nicht so schlimm, weil Frau von Schnörkel ihnen von der Seite soufflierte, was sie zu sagen hatten.

Als die ersten Besucher des Krippenspiels erkannten, welche Berühmtheiten auf der kleinen Schulbühne standen, gab es Applaus. Er war so laut, dass er sogar das Heulen von Maria und Josef übertönte, die hinter der Bühne ihre Kostüme wechseln mussten.

Die Fotografin der Tageszeitung knipste wild, um kein Bild der beiden Stars zu verpassen. Alles sah nach einem tollen Abend aus, bis Angelica und Bernd an der Herberge anklopften. Der Hotelwirt wurde von Murat gespielt, einem schmächtigen Jungen, der mit den Zwillingen in eine Klasse ging.

»Ist leider alles voll, ihr müsst im Stall schlafen, bei dem Ochsen und der Eselin«, sagte Murat, genau wie es in dem Stück ja auch sein musste. Und weil Murat gut in Fremdsprachen war, wiederholte er es noch einmal auf Englisch, damit auch Angelica und Bernd es verstanden: »I'm really sorry, we are completely full. You have to sleep in the barn, together with the cow and the donkey.«

Für einen Moment war es in der Aula ganz still. Angelica und Bernd sagten kein Wort, aber man sah ihnen an, dass die zwei es nicht gewohnt waren, dass sie in einem Hotel kein Zimmer bekamen. Selbst wenn es voll belegt war. Auch ihre Bodyguards waren damit überhaupt nicht einverstanden. Sie liefen auf Murat zu, um ihm klarzumachen, dass es besser für ihn wäre, wenn er den beiden Stars ein Zimmer in seinem Hotel geben würde.

Das hätten sie besser nicht getan.

Kapitel 20
Prügelei an der Krippe

Murats Vater sprang auf die Bühne, um seinem Sohn zu helfen. Und auch die Eltern von Maria und Josef stürmten nach vorne, weil sie mittlerweile kapiert hatten, dass man ihren Kindern die Hauptrollen in dem Krippenspiel weggenommen hatte. Olga und Oskar standen im Stall und schauten zu, wie auf der Bühne alle übereinander herfielen, weil sich immer mehr Eltern einmischten. Es war eine riesige Prügelei, die auf der Bühne tobte. Frau von Schnörkel prügelte sich mit der Direktorin, Murats Vater mit den Bodyguards und die Eltern von Maria und Josef mit Angelica und Bernd. Bei einigen der anderen Eltern war nicht zu erkennen, warum sie sich prügelten. Aber es gab bestimmt auch dafür einen guten Grund. Es war unglaublich laut, weil alle durcheinanderbrüllten und Moby Dick kläffend zwischen den Erwachsenen herumsprang. Bis auf Olga und Oskar, die immer noch verkleidet im Stall standen, hatten alle Kinder die Bühne verlassen und saßen jetzt auf den Stühlen, die eigentlich für ihre Eltern gedacht waren. Von dort feuerten sie ihre Mütter und Väter an, so wie man die Kämpfer bei einer Schulhofschlägerei anfeuert.

Fiete war der einzige Erwachsene, der auf seinem Platz sitzen geblieben war. Er wischte sich die Lachtränen aus den Augen und rief begeistert: »Das ist das beste Krippenspiel, das ich jemals gesehen habe!«

Im selben Moment erschienen dann auch endlich Anja und Jochen in der Aula, weil sie es nicht früher aus der Firma geschafft hatten.

Olga und Oskar winkten den beiden mit ihren Vorderhufen zu und Anja und Jochen winkten zurück.

»Ich glaube, es reicht jetzt, oder? Langsam wird die Prügelei langweilig«, sagte Oskar und Olga sagte: »Du hast recht. Ausnahmsweise mal.«

Die beiden verließen ihren Stall und gingen hinter die Bühne, da, wo die Pappkulissen mit Seilen an der Wand befestigt waren. Die Zwillinge kappten die Seile, sodass die großen Pappwände die Kämpfenden unter sich begruben. Außerdem drückten sie auf den geheimen Knopf, mit dem Frau Tanne jedes Jahr am Ende des Stücks Kunstschnee von der

Decke rieseln ließ. Obwohl es in Bethlehem damals ganz sicher nicht geschneit hatte.

Langsam krochen die Erwachsenen verwundert unter den Pappkulissen hervor und starrten staunend hoch zur Decke, von der dicke Flocken auf sie herunterschwebten. Angelica und Bernd streckten sogar ihre Zungen raus, um die Schneeflocken aufzufangen. Dann aber schüttelten sie sich angewidert, weil es ja nur Kunstschnee war, und ihre Bodyguards beeilten sich, irgendwo zwei Regenschirme für die beiden Stars zu besorgen.

Als sich Angelica und Bernd mit ihren Bodyguards wortlos verabschiedet hatten, der Kunstschnee zusammengefegt und die Bühne wieder aufgeräumt war und kleinere und größere Wunden versorgt waren, machten sich auch die Zwillinge mit ihren Eltern auf den Weg nach Hause.

»Besonders weihnachtlich war es nicht gerade«, sagte Fiete, als sie die Aula verließen. »Aber dafür wahnsinnig lustig.«

»Wir haben wohl echt was verpasst«, sagte Anja und Jochen sagte: »Tut uns leid, dass wir zu spät zu eurem Krippenspiel gekommen sind.«

»Ist schon okay, war ja auch mehr ein Boxkampf

als ein Krippenspiel«, erwiderte Olga und Oskar sagte: »Immerhin hatten wir im Stall den besten Platz. Da konnten wir alles gut sehen.«

Als sie die Autos am Schulparkplatz erreichten, wartete Frau von Schnörkel dort schon auf sie. Auch sie hatte bei der Schlägerei mit der Direktorin ein bisschen was abgekriegt. Ihr Hosenanzug hatte Risse und ihr linkes Auge war ganz blau.

»Das tut mir alles so schrecklich, schrecklich leid«, murmelte sie. »So war das nicht geplant gewesen. Es sollte einfach nur das tollste Krippenspiel aller Zeiten werden. Eines, das niemand vergisst und von dem alle noch ihren Enkeln erzählen.«

»Das ist Ihnen ja auch gelungen, der Untergang der *Titanic* war nichts dagegen«, sagte Fiete und grinste. »Und weil die Fotografin von der Zeitung so fleißig geknipst hat, weiß das spätestens morgen die ganze Welt.«

Frau von Schnörkel sah wirklich verzweifelt aus, als sie die Zwillinge und ihre Eltern bat: »Können Sie mir verzeihen?«

»Eigentlich war es ja ganz lustig«, sagte Olga.

»Und es ist ja auch niemandem ernsthaft was passiert«, sagte Oskar.

»Bekomme ich dann noch eine Chance? Ich verspreche, der Heiligabend wird die Krönung. Seit Wochen arbeite ich darauf hin, der 24. Dezember bei Ihnen zu Hause wird der Höhepunkt meiner Karriere als Weihnachtsplanerin.«

Frau von Schnörkel schaute die Zwillinge und ihre Eltern mit großen Augen an. Um ehrlich zu sein, nur mit einem großen Auge, weil das andere in der Zwischenzeit zugeschwollen war.

»Ich mache alles wieder gut! Versprochen! Das wird ganz supi!«

Olga und Oskar sahen ihre Eltern an und Anja und Jochen sahen die Zwillinge an.

»Bitte!«, hauchte Frau von Schnörkel. »Was man

anfängt, muss man schließlich auch zu Ende bringen.«

Die vier nickten schließlich, weil ihnen Frau von Schnörkel leidtat, und das lag nicht nur an ihrem verletzten Auge und dem zerrissenen Hosenanzug. Nur Moby Dick kläffte laut, als wäre er nicht einverstanden, und auch Fiete sah wenig begeistert aus.

»Danke, danke, danke!«, rief Frau von Schnörkel und gab jedem einen Kuss auf die Wange. Außer Moby Dick, aber sogar Fiete bekam einen. Dann drehte sie sich um und lief humpelnd davon. »Ich habe noch so wahnsinnig viel zu erledigen. Wir sehen uns dann am Heiligabend! Das wird supi, supi, supi!«

»Machen Sie bitte nicht wieder zu viel!«, rief Olga ihr nach und Oskar rief: »Klein ist ja auch nett.«

Aber das hörte Frau von Schnörkel schon nicht mehr, weil sie in ihren Wagen gestiegen und davongebraust war.

Die letzten Tage vor Heiligabend ließ sich Frau von Schnörkel nicht mehr in der Villa blicken und irgendwann stellten die Eltern der Zwillinge die Generatoren des Aufblasweihnachtsmannes ab, um endlich mal wieder in Ruhe schlafen zu können. Außerdem schickten sie alle Verkäuferinnen und Verkäufer des Weihnachtsmarktes nach Hause, damit die genug Zeit hatten, in Ruhe für ihre eigenen Familien Geschenke zu kaufen, Plätzchen zu backen und einen Tannenbaum zu besorgen. Sie durften alles mitnehmen, was noch übrig war, und mussten auch nicht in dieser komischen Mittelaltersprache reden. Sie riefen einfach nur »Danke!« und »Frohe Weihnachten!«, als sie die Auffahrt zum Tor hinunterliefen. Dort schwiegen die Engel, weil irgendwer das Kabel der Lichtschranke durchtrennt hatte. Olga und Oskar tippten auf Fiete oder Moby Dick. Oder beide.

Nur Lady Baba sang immer noch jeden Morgen, aber weil sie immer schnell damit fertig war, störte das nicht weiter. Eigentlich waren das die schönsten Tage der ganzen Adventszeit. Olga und Oskar malten Bilder für Anja und Jochen. Die fanden sie

viel schöner als die Stofftaschentücher, die Bastelking aus den Geschirrhandtüchern geschnitten hatte.

Fiete hatte versprochen, mit ihnen gemeinsam Holzrahmen für ihre Gemälde zu basteln. Ganz ohne Kameras und Ringlicht. Die Zwillinge verbrachten fast die ganze Zeit bei ihm und Moby Dick in der kleinen Hütte, weil ihre Eltern bis Heiligabend so furchtbar viel zu tun hatten und Olga und Oskar immer noch fürchteten, dass ihnen im Esszimmer der schwere Kranz auf den Kopf fallen könnte.

Kapitel 21
Schnee am Heiligabend

Am 24. Dezember schneite es schon am Morgen kräftig.

»Meinst du, da steckt Frau von Schnörkel dahinter?«, fragte Oskar durch das Rohrtelefon, weil die Zwillinge noch im Bett lagen. Ihre Eltern waren noch mal kurz in die Firma gefahren, hatten aber fest versprochen, am frühen Nachmittag wieder zurück zu sein.

»So eine dumme Frage können auch nur kleine Kinder stellen. Das schafft selbst sie nicht«, erwiderte Olga, aber ganz sicher war sie sich nicht.

Im selben Augenblick klingelte es an der Tür.

»Wer kann das sein?«, fragte Olga.

»Vielleicht der Weihnachtsmann«, sagte Oskar.

»Du bist wirklich noch ein Baby.«

»Hey, das war ein Witz.«

Die Zwillinge sprangen aus ihren Betten und rannten zur Tür, um zu nachzuschauen, wer so früh am Heiligabend an der Tür geklingelt hatte.

Es waren Frau von Schnörkel in einem knallroten Hosenanzug und Lady Baba, die kurz »Hello«

sagte und von da an nur noch auf ihr Smartphone starrte.

»Da bin ich wieder!«, rief Frau von Schnörkel. »Und ich habe noch jemanden mitgebracht. Ihr Flieger kann heute wegen des Schneefalls nicht starten, deswegen bleibt sie heute Abend bei uns. Ist das nicht supi?!«

Lady Baba sah überhaupt nicht aus, als ob sie das supi fände. Sie flüsterte mit Frau von Schnörkel, die dann auf Englisch antwortete: »Hier gibt es viele freie Zimmer, suchen Sie sich einfach eins aus.«

Lady Baba verschwand die Treppe hinauf und Frau von Schnörkel sagte: »Am besten, ihr geht auch wieder rauf, der Abend soll schließlich eine Überraschung für euch werden. Aber als Erstes lasse ich die Engel am Tor und den Weihnachtsmann vor der Tür reparieren. Kaum ist man einen Tag mal nicht da, schon geht alles kaputt.«

Frau von Schnörkel scheuchte die Zwillinge in ihre Zimmer und rief ihnen hinterher: »Und ihr kommt erst wieder runter, wenn ich die Glocke läute.«

Mit ihrem Fernrohr beobachtete Olga, wie ein paar Lastwagen von der Straße abbogen und die Einfahrt hinauffuhren. Oskar betrachtete stattdessen die weißen Flecken an der Wand, dort wo seine signierten Trikots gehangen hatten. Eigentlich war es eine schöne Idee, dass die jetzt jemand hatte, der sie auch tragen würde. Schade war es trotzdem, dass sie weg waren. Statt der Trikots hatte er Artikel aus den Zeitungen an seine Zimmerwand gepinnt, in denen über das Krippenspiel mit Angelica Polie und Bernd Bitt berichtet wurde. Und das waren ziemlich viele.

»Wetten, sie übertreibt wieder!«, rief Olga über das Röhrentelefon. »Das ist jetzt schon der fünfte Lastwagen, der vor dem Haus parkt.«

»Was hast du denn erwartet?«, antwortete Oskar. »Dass sie plötzlich sagt: Ein kleiner Baum, jeder nur ein Geschenk und ein Butterbrot mit Käse reichen auch? Hauptsache, wir haben uns alle lieb?«

»Gehofft hatte ich es«, gab Olga zu. »Jetzt kommt auch noch Polizei und ein Übertragungswagen vom Fernsehen. Was wollen die denn hier?«

Oskar lief zum Fenster und sah von oben auf den Wagen des Senders und ein paar Polizeiautos, die vor dem Plastikweihnachtsmann hielten, der sich wieder zu voller Größe aufgerichtet hatte.

»Vielleicht wollen sie Frau von Schnörkel verhaften?«, vermutete Oskar.

»Wieso sollten sie das tun?«

»Vielleicht hat sie den Weihnachtsmann entführt, damit wir ihn exklusiv für uns haben«, sagte Oskar.

Olga stöhnte nur und schaute weiter aus dem Fenster. Die Polizisten sahen nicht aus, als wenn sie jemanden suchen würden. Sie verschwanden im Haus, genau wie die Männer und Frauen des Fernsehsenders, die im Schneetreiben Kameras und Lampen in die Villa schleppten.

Irgendwann am Nachmittag kamen dann auch Anja und Jochen aus der Firma, aber auch die scheuchte Frau von Schnörkel schnell nach oben, weil sie mit den Vorbereitungen noch nicht fertig war. Olga, Oskar und ihre Eltern saßen in Olgas Zimmer und warteten. Und das war eigentlich ganz gemütlich, weil sie so Zeit füreinander hatten. Die hat man am Heiligabend ja sonst eher selten, weil immer so viel vorbereitet werden muss. Die vier spielten *Mensch ärgere dich nicht,* lasen sich gegenseitig die Weihnachtsgeschichte vor und schauten ab und zu mal durch das Fernglas, um zu schauen, ob noch mehr Lastwagen kamen. Aber auf der verschneiten Auffahrt war es ruhig und die Polizeiwagen waren wieder verschwunden. Olga hatte beobachtet, wie die Beamten das Haus verlassen hatten. Ohne Frau von Schnörkel. Das wäre ja auch blöd gewesen, wenn die Weihnachtsplanerin verhaftet worden wäre. Dann hätten die Zwillinge und ihre Eltern lange auf das Läuten der Glocke warten können. Andererseits war es ja auch ganz schön, dass sie alle zusammen hier im Zimmer saßen und warteten, dachte Olga. Eigentlich konnte es kaum noch besser werden. Mit dem Fernrohr schwenkte sie rüber zu Fietes Gartenhäuschen. Aber weil er wegen der vielen Lichter den dicken schwarzen Vorhang vors Fenster gezogen hatte, konnte sie nicht hineinschauen.

Dann kam doch noch ein Auto, das von den Engeln mit lautem Trompetenschall angekündigt wurde. Es war der Lieferwagen eines Drei-Sterne-Restaurants, der kurz darauf vor dem Haus hielt. Zwei Frauen stiegen aus und trugen Teller und Töpfe in die Villa, aber weil über den Tellern ein silberner Deckel war, konnte Olga nicht erkennen, was es heute Abend zu essen gab. Sie tippte auf Gänsekeule mit Klößen und Rotkohl.

»Ich weiß ein tolles Spiel!«, rief Oskar plötzlich.

»Was denn?«, fragte Anja neugierig.

»Wir suchen das Zimmer, in dem Lady Baba

steckt, und wer sie zuerst findet, hat gewonnen«, erklärte Oskar.

»Ist die denn immer noch da?«, fragte Jochen.

»Wegen des vielen Schnees konnte sie nicht nach Hause fliegen«, antwortete Olga. »Da hat Frau von Schnörkel ihr angeboten, dass sie hier mit uns feiert.«

»Das ist ja nett von ihr«, sagte Jochen und Anja sagte: »Sie ist bestimmt traurig, dass sie den Tag nicht mit ihrer Familie feiern kann.«

Aber bevor sie *Wer findet das Zimmer mit Lady Baba drin* spielen konnten, erklang aus der Eingangshalle ein lautes Scheppern. Es war kein normales Glöckchen, das Frau von Schnörkel besorgt hatte – natürlich nicht –, sondern ein riesiger japanischer Gong, auf den die Weihnachtsplanerin mit einem großen Holzschlägel einschlug. Die Schwingungen waren so stark, dass die Wände erzitterten und der Weihnachtsmann mit dem Rentierschlitten, der in Eingangshalle hing, hin und her schwankte, als wäre er in einen Sturm geraten. Ein paar von den roten Dekoartikeln fielen dabei von den Wänden und gingen zu Bruch. Aber das störte Frau von Schnörkel nicht.

Sie stand mit einer roten Weihnachtsmannmütze auf dem Kopf in der Halle und rief den Zwillingen und ihren Eltern zu: »Herzlich willkommen zum schönsten Heiligabend aller Zeiten!«

Und dann wiederholte sie das gleich noch mal auf Englisch, weil der Gong auch Lady Baba aus ihrem Zimmer gelockt hatte.

Das große Fest konnte beginnen.

Kapitel 22
Besuch von ganz oben

Frau von Schnörkel führte Oskar, Olga, Anja, Jochen und Lady Baba ins Esszimmer, wo sie schon alles vorbereitet hatte. Wie damals, als die Weihnachtsplanerin die Außenbeleuchtung der Villa eingeschaltet hatte, mussten sich die Zwillinge die Augen zuhalten, um nicht geblendet zu werden. Der Tannenbaum, den Fiete im Wald geschlagen hatte, stand mitten im Raum und war mit Tausenden Kerzen geschmückt. Erst auf den zweiten Blick erkannten Olga und Oskar, dass es keine echten, sondern elektrische waren. Der Ständer des Baums besaß einen Motor, sodass sich die Tanne im Zeitlupentempo im Kreis drehte, damit man auch die geschmückte Rückseite sehen konnte. Die Zweige waren vorne, hinten, oben und unten, rechts und links mit Kugeln in allen Farben des Regenbogens behangen und dazwischen hingen Flamingos, Einhörner und auch ein paar Pinguine aus buntem Glas. Um den Baum hatte Frau von Schnörkel Girlanden aus glitzernden Fäden gewunden, die genau wie die vielen Kugeln das Licht der Kerzen reflektierten. Ganz oben thronte ein goldener Engel, der eine Harfe in der Hand hielt und leise »Ihr Kinderlein kommet« sang.

»Und? Wie gefällt Ihnen der Baum?«, fragte Frau von Schnörkel. »Ist der nicht supi?«

»Schön«, murmelte Anja und Jochen murmelte: »Schon schön.«

Dabei konnten die Zwillinge sehen, dass der Baum ihren Eltern überhaupt nicht gefiel. Es war genau, wie die beiden befürchtet hatten: von allem mal wieder viel zu viel.

Nur Lady Baba rief beeindruckt »COOL!« und zückte ihr Smartphone, um Fotos von der Tanne zu machen.

»Dem Baum fehlt die Spitze«, sagte Olga.

»Stimmt, im Wald hatte er noch eine«, bestätigte Oskar.

»Die musste ich absägen lassen, weil für die leider kein Platz mehr war. Ich hatte kurz überlegt, ein Loch in die Decke sägen zu lassen«, erklärte Frau von Schnörkel. »Aber man kriegt ja am Heiligabend keine Handwerker mehr. Außerdem hätte man den schönen Engel nur oben im ersten Stock gesehen. Aber schaut euch nur weiter um, ist es nicht ganz supi geworden?«

Oskar stieß Olga in die Seite, weil er zwischen dem bunten Flitter ein kleines braunes Fellbüschel im Baum gesehen hatte. Zumindest glaubte er das, aber als Olga hinschaute, war es schon wieder verschwunden.

Gegenüber dem Baum türmten sich die verpackten Geschenke bis zur Decke. Es gab kleine, große und riesige und es waren mindestens hundert für jeden von ihnen dabei. Eher mehr. Ihre Bilder mit dem Rahmen, den sie gemeinsam mit Fiete gebastelt hatten, konnten Olga und Oskar nicht entdecken. Die lagen wahrscheinlich irgendwo unter den anderen Paketen.

Auf dem Tisch brannten Kerzen und über jedem Teller war eine Halbkugel aus Silber, die das Essen

warm halten sollte. Manchmal segelte eine einzelne Nadel von oben auf die weiße Tischdecke herunter. Aber weil der riesige Adventskranz kaum noch Nadeln hatte, waren es nur ein paar wenige.

Neben dem Baum stand ein Pult mit einem Mikrofon, auf das ein paar Scheinwerfer und eine Kamera gerichtet waren.

»Oh, singt Lady Baba heute noch für uns?«, fragte Anja.

»Nein, wir haben sie ja leider nur am Vormittag exklusiv«, erklärte Frau von Schnörkel. »Wir erwarten noch einen anderen Gast.«

»Wen denn?«, wollte Jochen wissen.

»Überraschung«, flötete die Weihnachtsplanerin.

»Hat das mit der Polizei zu tun, die heute Nachmittag da war?«, fragte Olga.

»Schon möglich«, erwiderte Frau von Schnörkel geheimnisvoll.

»Machen Sie es nicht so spannend!«, rief Oskar.

»Ohne Geheimnisse wäre es doch kein Weihnachten«, antwortete Frau von Schnörkel. »Und jetzt lasst uns essen, danach gibt es Bescherung.«

Natürlich gab es wieder Gänsekeule mit Klößen und Rotkohl. Das konnten die Zwillinge sehen, als Frau von Schnörkel die Warmhaltehauben von den Tellern hob.

»Schon wieder«, stöhnte Olga und Oskar jammerte: »Ich kann keine Gänsekeule mehr sehen.«

Auch ihre Eltern sahen wenig begeistert aus, nur Lady Baba kreischte laut »Wow!« und machte mit ihrem Handy gleich noch ein paar Fotos von dem Essen.

»Das ist doch keine gewöhnliche Gänsekeule, ihr kleinen Dummerchen«, sagte Frau von Schnörkel. »Die ist supi, die ist von dem Drei-Sterne-Koch Pierre Delaunay.«

Aber die Zwillinge fanden, dass die Keule genauso schmeckte wie die anderen, die es an den Tagen zuvor gegeben hatte.

Da läutete es plötzlich an der Tür. Frau von Schnörkel sprang auf und rief: »Das ist der Bundespräsident. Er wird vor Ihrem Tannenbaum seine Weihnachtsansprache an die Nation halten. Ist das nicht absolut großartig? Es war nicht leicht, das hinzukriegen, das können Sie glauben.«

»Deswegen waren vorhin die ganzen Polizisten da«, sagte Oskar.

»Kluger Junge«, lobte Frau von Schnörkel. »Die mussten ja überprüfen, ob hier nicht irgendwo eine Bombe versteckt ist. Und jetzt husche ich schnell zur Tür, einen Bundespräsidenten darf man nicht warten lassen.«

Anja und Jochen waren sprachlos und sagten kein Wort. Genau wie Lady Baba, aber bei ihr lag es daran, dass sie Kopfhörer auf den Ohren hatte und mit Genuss ihre Keule mit Klößen und Rotkohl aß. Nicht nur ihre eigene, sondern auch das, was alle anderen übrig gelassen hatten, weil sie keinen Gänsebraten mehr sehen konnten.

Kurz darauf kam Frau von Schnörkel mit einem älteren Mann zurück, der von ein paar jungen Frauen begleitet wurde. Die Zwillinge kannten den Mann aus den Nachrichten. Anja und Jochen sprangen schnell von ihren Stühlen auf und riefen: »Oh, Herr Bundespräsident, was für eine Ehre!« Aber der alte Mann winkte nur ab, was wohl so viel heißen sollte wie: »Bitte keine Umstände, ich bin auch gleich wieder weg.«

Mit seinem Team ging er zu dem Pult und eine Mitarbeiterin stellte sich hinter die Kamera.

»Ihr müsst gleich ganz leise sein«, flüsterte Frau von Schnörkel den Zwillingen zu. »Das wird live in alle deutschen Haushalte übertragen.«

»Wo sind eigentlich unsere gerahmten Bilder für unsere Eltern?«, flüsterte Olga und zeigte auf den Berg mit Geschenken, der sich in der Zimmerecke türmte. »Die kann ich nirgendwo sehen.«

»Du meinst dieses hässliche Gekrakel mit den krummen Holzleisten drum herum?«, fragte Frau von Schnörkel. »Die habe ich weggeworfen. Ihr habt doch die hübschen Taschentücher, die Bastelking für euch gebastelt hat.«

»PSSST!«, machte die Frau an der Kamera und gab dem Bundespräsidenten ein Zeichen, dass er anfangen sollte.

»Liebe Mitbürgerinnen und Mitbürger, ich wünsche Ihnen allen ein ...«

Dann passierten ganz viele Dinge auf einmal.

Kapitel 23
Laute Nacht, heilige Nacht

Ein Eichhörnchen hüpfte aus dem Baum direkt auf den Kopf des Bundespräsidenten und von da gleich weiter auf den Tisch, wo die leeren Teller standen. Das Toupet des Präsidenten hatte sich dabei in den Krallen des Tieres verhakt, sodass das Eichhörnchen mit den falschen Haaren durch die Reste der Soße und des Rotkohls wischte.

Frau von Schnörkel kreischte auf.

Der Bundespräsident kreischte auf.

Seine Mitarbeiterinnen kreischten auf.

Lady Baba kreischte auf.

Anja und Jochen kreischten auf.

Sogar Olga und Oskar kreischten.

Das Eichhörnchen saß vor Schreck für einen Moment ganz still, dann sprang es vom Tisch auf den Stapel mit den Geschenken. Dabei warf es eine Flasche Champagner um, die Frau von Schnörkel für die Erwachsenen zum Anstoßen in einem Sektkühler kalt gestellt hatte. Der Korken sprang aus der Flasche und das teure Sprudelwasser spritzte durch das ganze Zimmer.

In dem Augenblick stürmte Moby Dick in den Raum, direkt auf das Eichhörnchen zu. Das rettete sich mit einem Sprung auf den nadellosen Adventskranz, der zu schaukeln begann, bis sich die Dübel aus der Decke lösten und der Kranz auf den Tisch krachte. Genau auf die Kerzen. Der Bundespräsident reagierte als Erster. Er riss die Tischdecke herunter und achtete dabei nicht auf das Geschirr und die Gläser, die auf den Boden fielen und in tausend Scherben zerbrachen. Mit der Decke löschte er das Feuer, aber da hatte sich das Eichhörnchen längst zwischen die verpackten Geschenke geflüchtet. Moby Dick stürzte hinterher und grub sich mit den Vorderpfoten durch die Pakete, als würde er im Garten ein Loch buddeln. Die Schleifen, Bänder und das Geschenkpapier flogen Olga und Oskar wie Erdbrocken um die Ohren, während sich die Dogge laut kläffend immer tiefer in den Geschenkehaufen hineinarbeitete.

Nach dem ersten Schreck fingen alle an zu lachen, weil es wirklich zu komisch aussah. Alle außer Lady Baba und Frau von Schnörkel.

Lady Baba filmte Moby Dick mit ihrer Kamera und Frau von Schnörkel brüllte: »Nicht mein Baum, bitte, bitte nicht mein Baum!«

Das Eichhörnchen hatte gemerkt, dass ihm die Pakete keinen Schutz mehr boten, und hüpfte zurück in den Baum. Moby Dick sprang hinterher, während sich die Tanne weiter langsam um sich selbst drehte.

»Wir sind immer noch live auf Sendung!«, rief die Kamerafrau. »Das sieht gerade die ganze Nation.«

Und die sah dann auch, wie der Weihnachtsbaum mit allen seinen Kugeln und Glastieren langsam zur Seite kippte und Frau von Schnörkel unter sich be-

grub, während der Engel mit der Harfe in Endlos-
schleife »Kinderlein, Kinderlein, Kinderlein« sang.

Das Eichhörnchen hüpfte mit weiten Sprüngen
Richtung Tür davon und verschwand in der Halle,
Moby Dick rannte ihm nach, aber weil er mit seinen Pfoten in einer Champagnerpfütze ausrutschte,
hatte das Eichhörnchen einen kleinen Vorsprung.

»Los, komm, hinterher!«, rief Oskar.

»Für jemanden, der so klein ist wie du, ist das
eine gute Idee«, erwiderte Olga.

Die Zwillinge liefen in die Eingangshalle und lie-
ßen die Erwachsenen in dem verwüsteten Esszimmer zurück. Von dort waren lautes Heulen, Krei-
schen, Schimpfen und Lachen zu hören.

In der Halle stand die Haustür weit offen, da war es nicht schwer zu erraten, wohin das Eichhörnchen und Moby Dick gerannt waren. Olga und Oskar schlüpften schnell in ihre Schuhe und tatsächlich: Als sie ins Freie kamen, sahen sie das Eichhörnchen ganz oben auf der Mütze des aufblasbaren Weihnachtsmanns sitzen. Aber das nützte dem armen Tier gar nichts, weil Moby Dick bereits begonnen hatte, den roten Luftsack zu zerbeißen. Darin hatte er ja bereits Erfahrung und schon bald sank der Weihnachtsmann mitsamt dem Eichhörnchen in sich zusammen wie ein Soufflé, das man zu früh aus dem Ofen geholt hatte. Moby Dick kämpfte sich durch die Plastikplane, aber da war das Eichhörnchen längst auf eine der verschneiten Hütten des menschenleeren Weihnachtsmarkts gesprungen und von dort in den Park, wo es zwischen den Bäumen und Büschen endgültig verschwand.

»Komm her, Digger!«, hörten die Zwillinge Fiete rufen. »Das ist weg, das kriegst du nicht mehr. Das ist für dich so unerreichbar wie ein Pinguin für einen Eisbären.«

Moby Dick stoppte seine Verfolgung und trabte durch den schneebedeckten Garten zurück zu seinem Herrchen, das in einem roten Bademantel vor dem Gartenhäuschen stand. Olga und Oskar folgten der Dogge, weil sie Fiete ein schönes Fest wünschen wollten.

»Frohe Weihnachten, Fiete«, sagten Olga und Oskar, als sie den alten Seemann erreicht hatten.

»Euch auch«, erwiderte Fiete gut gelaunt. »Kommt an Deck, aber lasst eure nassen Schuhe draußen. Ich mache euch Kakao, ist bannig kalt geworden.«

Als die Kinder in die Hütte traten, prasselte im Kamin ein Feuer. Der schiefe Kranz lag immer noch auf dem Tisch, aber daneben stand ein kleiner Baum, der mit wenigen roten Kugeln und ein paar echten Kerzen geschmückt war. Moby Dick schnüffelte an den Nadeln, um zu prüfen, ob sich zwischen den Zweigen kein Eichhörnchen versteckte. Dann legte er sich vor dem kleinen Baum auf den Boden und fing an zu schnarchen, weil ihn die Jagd erschöpft hatte.

»Ist das die Spitze von der riesigen Tanne drüben?«, fragte Oskar.

»Frau von Schnörkel wollte sie über Bord schmei-

ßen, da habe ich sie aus dem Müll gerettet«, erwiderte Fiete. »Genau wie das hier.«

Er reichte den Kindern die gerahmten Bilder, die die Zwillinge für ihre Eltern gemalt hatten. Dann kramte er noch zwei Päckchen unter dem Sofa hervor.

»Und das hier ist für euch. Eine Seefahrer-Sternenkarte für Olga und ein altes Fußballtrikot für Oskar. Das ist zwar nicht von Messi oder Ronaldo, aber ich habe es getragen, als wir im Hafen von Helsinki gegen die Mannschaft eines Eisbrechers gekickt und gewonnen haben.«

»Danke!«, riefen Olga und Oskar gleichzeitig überglücklich, aber dann fiel ihnen beiden etwas ein. Wieder gleichzeitig, aber das ist ja oft so bei

Zwillingen, auch wenn die eine ein paar Minuten älter als der andere ist.

»Wir haben gar nichts für Sie!«

»Macht nichts«, erwiderte Fiete. »Ich bin jahrelang zur See gefahren, da sind Geschenke so selten wie ein Eisberg im Mittelmeer. Und das Schönste habe ich mir heute sowieso selbst gemacht.«

Mit dem Kinn zeigte Fiete grinsend rüber auf die Villa. »Das war schon lustig.«

»Sie haben das Eichhörnchen in den Baum geschmuggelt, stimmt's?«, fragte Olga und Oskar sagte: »Und dann haben Sie die Haustür für Moby Dick geöffnet.«

»Möglich wäre das schon«, antwortete Fiete und grinste noch breiter.

Die Zwillinge grinsten zurück, als plötzlich Moby Dick im Schlaf zu knurren begann. Im selben Moment klopfte es an der Tür.

Kapitel 24
Klein, aber fein

»Entschuldigen Sie, Herr Fiete! Sind unsere Kinder vielleicht bei Ihnen?«, fragte Anja und Jochen sagte: »Wir suchen sie schon überall.«

Hinter den Eltern der Zwillinge standen der Bundespräsident, Lady Baba und Frau von Schnörkel, die sich offensichtlich alle an der Suche nach Olga und Oskar beteiligt hatten.

»Kommen Sie an Deck«, erwiderte Fiete und lud alle in sein Häuschen ein. »Und keine Sorge, die beiden sind bei mir und es geht ihnen gut.«

»Hier steckt ihr also!«, rief Jochen erleichtert und Anja sagte: »Sie haben es aber gemütlich, Herr Fiete.«

Und das stimmte. Mit dem kleinen Baum, dem alten Kranz und dem Kaminfeuer sah es wirklich gemütlich aus in der kleinen Hütte. Und festlich irgendwie auch, ganz ohne den ganzen Schnickschnack, den Frau von Schnörkel in der Villa angehäuft hatte.

»Möchten Sie auch eine Tasse Kakao? Ich mache gerade welchen«, erkundigte sich Fiete.

»Sehr gerne, ich habe ewig keinen mehr getrunken!«, rief der Bundespräsident und drängte gemeinsam mit Lady Baba und Frau von Schnörkel in das kleine Zimmer.

»Leider habe ich nicht genug Stühle für alle, aber auf dem Sofa ist noch Platz und die Kinder können sich zu Digger Dick auf den Boden setzen«, sagte Fiete. »Stellt euch einfach vor, das wäre ein Rettungsboot. Da muss man auch ein bisschen enger zusammenrücken, damit alle Platz haben.«

Es war ein wenig eng auf dem Sofa, aber als Fiete den Kakao servierte, war es richtig schön.

Lady Baba fotografierte die ganze Zeit mit ihrem Smartphone und Frau von Schnörkel machte sich Notizen. Irgendwann hörten die beiden damit auf und genossen einfach die weihnachtliche Stimmung, die in dem Gartenhäuschen herrschte. Genau wie der Bundespräsident, dessen Telefon ständig klingelte, bis er es irgendwann einfach ausschaltete und in die Tasche steckte. Oskar und Olga saßen unter dem kleinen Baum, kraulten Moby Dick hinter den Ohren und genossen es, dass alle zusammen waren, so ganz ohne Glanz und Glitzer.

»Jetzt habt ihr eure Geschenke ja noch gar nicht ausgepackt«, fiel Anja plötzlich ein.

»Die sind ja alle noch drüben«, sagte Jochen. »Einige haben bei der Eichhörnchenjagd ein wenig gelitten, aber das meiste müsste noch heil sein.«

»Die brauchen wir nicht«, sagte Oskar und Olga sagte: »Wir haben doch schon zwei tolle Geschenke bekommen. Von Fiete.«

Und dann zeigten sie ihren Eltern und den anderen das Trikot und die Sternenkarte. Fiete und der Bundespräsident unterhielten sich über Helsinki, weil der Präsident auf Staatsbesuch auch mal in Finnland gewesen war. Und Lady Baba wollte unbedingt die Karte sehen, weil sie sich auch für Astronomie interessierte.

»Sie ist ja ein Star und das heißt auf Deutsch ja *Stern,* da ist es kein Wunder, dass sie Sterne mag«, sagte Oskar.

»Wow, das war ganz schön klug von dir, dafür, dass du noch so jung bist«, gab Olga zu.

Und da mussten alle lachen, auch die, die gar nicht wussten, dass Oskar zwanzig Minuten jünger war als Olga.

»Das Einzige, was wir uns wirklich wünschen, ist ...«, begann Oskar und Olga fuhr fort: »... dass ihr mehr Zeit für uns habt.«

Anja und Jochen schauten sich schuldbewusst an und seufzten.

»Das heißt ja nicht, dass ihr gar nicht mehr arbeiten sollt«, sagte Olga und Oskar fügte hinzu: »Nur nicht so viel, mehr wünschen wir uns gar nicht.«

»Wir werden uns bemühen«, versprach Anja und Jochen sagte: »Großes Ehrenwort.«

»Wir haben aber auch noch was für euch«, sagte Olga und Oskar sagte: »Die haben wir selbst gemalt, nur beim Rahmen hat uns Fiete geholfen.«

Die Zwillinge gaben ihren Eltern die Bilder, die Fiete aus dem Müll gerettet hatte.

»Die sind ja wunderschön!«, rief Anja und Jochen sagte: »Und ich hatte schon befürchtet, wir kriegen ein paar Taschentücher von euch.«

Da wurde Frau von Schnörkel ganz rot und murmelte: »Die ist ja wirklich ganz hübsch geworden, die Kuh da auf euren Bildern.«

»Das ist doch keine Kuh!«, rief Olga und Oskar rief: »Das ist Moby Dick, das sieht man doch.«

»Oh, ich dachte, das wäre ein Pony«, sagte Anja und Jochen sagte: »Und ich, es wäre ein Braunbär.«

»Ich habe sofort gesehen, dass das mein Digger ist!«, rief Fiete. »Wer sollte es auch sonst sein? Der Weihnachtsmann bestimmt nicht.«

Und da mussten wieder alle lachen. Es wurde viel gelacht an diesem Heiligabend in Fietes Hütte. Nur Frau von Schnörkel war ungewöhnlich ruhig und schien über irgendwas nachzudenken. Sie war auch die Einzige, die ganz still blieb, als am Abend dann Weihnachtslieder gesungen wurden. »Stille Nacht«, »Alle Jahre wieder«, »O Tannenbaum« – das ganze Programm rauf und runter. Fiete und der Bundespräsident besaßen eine schöne Bass-Stimme, die gut zu der hohen Stimme von Lady Baba passte. Sogar Moby Dick sang mit. Er setzte sich auf seinen Po, legte den Kopf zurück und heulte, wenn Lady Baba die ganz hohen Töne anstimmte.

Olga und Oskar hätten noch stundenlang in Fietes Gartenhäuschen sitzen, singen und feiern können. Aber irgendwann wurde es für alle Zeit, nach Hause zu gehen. Lady Baba erhielt eine Nachricht, dass der Flughafen wieder frei war, das Team des Bundespräsidenten klopfte an die Tür, um ihn daran zu erinnern, dass er morgen schon ganz früh wieder Termine hatte, und die Eltern der Zwillinge waren einfach nur müde, weil sie in den letzten Wochen so viel gearbeitet hatten.

»Das war wirklich nett«, sagte Frau von Schnörkel, als sich alle zum Abschied in die Arme nahmen. »Sehr, sehr nett sogar.«

»Es war das schönste Fest aller Zeiten!«, rief Olga und Oskar rief: »Das machen wir nächstes Jahr wieder so!«

»Könnten Sie sich eigentlich vorstellen, für mich zu arbeiten?«, fragte Frau von Schnörkel, als sie sich von Fiete verabschiedete.

»Wie bitte?«, fragte Fiete verständnislos.

»Na ja, das wäre doch ein tolles Angebot für meine Agentur. Ich sehe es schon vor mir und würde es *Einfach schöne Weihnachten* nennen«, verkündete Frau von Schnörkel. »Darüber habe ich schon den ganzen Abend nachgedacht. Die Leute sehnen sich doch alle nach einem bescheidenen Weihnachtsfest, so wie früher. Und das Beste ist: Das ist ja auch viel billiger. Aber wir verlangen natürlich das gleiche Geld wie für die XXL-Version. Also was ist?«

Für einen Moment hatten die Zwillinge geglaubt, dass Frau von Schnörkel etwas gelernt hatte. Aber offenbar hatten sich die beiden geirrt. Frau von Schnörkel war immer noch dieselbe und weil es so komisch war, fingen Olga und Oskar an zu lachen. Alle lachten mit, am lautesten aber lachte Fiete. Auch wenn die Weihnachtsplanerin nicht verstand, was an ihrem Angebot so komisch war.

»Liebe Frau von Schnörkel«, sagte Fiete. »So ein Weihnachtsfest kann man nicht planen, das macht man einfach. Ohne viel Schnickschnack. Es kommt auf die Menschen an, die zusammen sind. Die sind wichtig, nicht die Tanne, die Kugeln und auch nicht die Geschenke. Das alles kann man nicht kaufen und verkaufen schon gar nicht.«

»Schläfst du schon?«, fragte Oskar durch das Röhrentelefon.

Er lag in seinem Bett unter Fietes Trikot, das er an die Wand gehängt hatte. Da wo früher die Trikots der berühmtesten Fußballer der Welt gehangen hatten.

»Nein«, antwortete Olga. »Ich schau mir die Sterne an.«

»Versprich mir, nicht zu lachen«, sagte Oskar. »Aber könnte es nicht sein, dass Fiete der Weihnachtsmann ist?«

Oskar wartete, ob seine Schwester nicht doch über ihn lachen würde und dann etwas über sein Alter sagen würde und dass er eben einfach noch klein und dumm wäre.

Aber das tat sie nicht.

»Daran habe ich auch schon gedacht«, gab Olga zu. »Möglich wäre das. Und Moby Dick ist vielleicht ein verzaubertes Rentier.«

»Aber das verraten wir niemandem.«

»Auf keinen Fall, denn immerhin hatten wir heute Abend das schönste Weihnachtsfest aller Zeiten.«

Isabel Abedi / Daniela Kohl

Ein wirklich wahres Weihnachtswunder

Weihnachten steht vor der Tür! Manu und seine kleine Schwester Jana sind auf dem Weg nach Hamburg zu ihrem Papa. Leider muss Mama noch arbeiten, und deshalb soll Manu im Zug ganz allein auf den roten Koffer aufpassen. Das ist eine große Aufgabe, denn schließlich sind darin all ihre Geschenke, Manus Saxofon sowie Janas Flügel für ihren großen Auftritt als Christkind. Als die Geschwister bei Papa ankommen, platzt der mitgebrachte Koffer aus allen Nähten. Und oh Schreck – keine Spur von ihren Geschenken! Manu muss unbedingt den vertauschten Koffer wiederfinden und erlebt dabei ein wirklich wahres Weihnachtswunder.

112 Seiten • Gebunden • ISBN 978-3-401-60637-8 • www.arena-verlag.de

Stefanie Taschinski

Der geniale Herr Kreideweiß

Als Herr Kreideweiß auf seinem Rennrad zur Schule fliegt, ist Matilda und Emil klar: Mit ihrem Klassenlehrer stimmt was nicht! Im Unterricht sausen Bücher durch die Luft, und das Klassen-Stoffschaf Rüdiger zwinkert ihnen plötzlich zu. Das neunmalkluge Schaf verrät: Von seinem Großonkel hat Herr Kreideweiß Magie geerbt, aber mit einem so ahnungslosen Lehrling will Rüdiger nix zu tun haben! Als beim Sportfest der Staffelstab wie ein Torpedo durch die Luft fliegt, wird Emil von seinen Eltern von der Schule genommen. Um Emil zu retten, müssen Matti und ihre Freunde mit Rüdigers unent-bäääh-rlicher Hilfe dafür sorgen, dass Herr Kreideweiß endlich seine magische Erbschaft antritt ...

216 Seiten • Gebunden • ISBN 978-3-401-60623-1 • www.arena-verlag.de

Katja Frixe

Jolle und ich
Der Tag, an dem ein Pinguin bei uns einzog

Thea traut ihren Augen kaum, als sie plötzlich einen Pinguin in ihrem Garten
entdeckt. Und dann spricht der auch noch! Ab diesem Moment wirbelt Pinguin
Jolle den Alltag von Theas Familie gehörig durcheinander. Schnell werden die
beiden die dicksten Freunde und stellen zusammen die Welt auf den Kopf.
Doch wie viel Chaos verträgt eine Familie? Und kann Jolle wirklich bleiben?

167 Seiten • Gebunden • ISBN 978-3-401-60630-9 • www.arena-verlag.de